终极刺客
C罗传

CRISTIANO RONALDO

冯逸明 / 主编

台海出版社

图书在版编目（CIP）数据

终极刺客：C罗传 / 冯逸明主编 .--
北京：台海出版社，2022.7（2024.3 重印）
ISBN 978-7-5168-3325-4

Ⅰ . ①终… Ⅱ . ①冯… Ⅲ . ①克里斯蒂亚诺·罗纳尔
多—传记Ⅳ . ① K835.525.47

中国版本图书馆 CIP 数据核字（2022）第 103927 号

终极刺客：C罗传

主　　编：冯逸明

出 版 人：蔡　旭　　　　　　　　　封面设计：冯逸明　　牛　涛
责任编辑：员晓博

出版发行：台海出版社
地　　址：北京市东城区景山东街 20 号　　邮政编码：100009
电　　话：010-64041652（发行，邮购）
传　　真：010-84045799（总编室）
网　　址：www.taimeng.org.cn/thcbs/default.htm
E — mail：thcbs@126.com

经　　销：全国各地新华书店
印　　刷：朗翔印刷（天津）有限公司
本书如有破损、缺页、装订错误，请与本社联系调换

开　　本：710 毫米 ×1000 毫米　　　1/16
字　　数：247 千字　　　　　　　　印　　张：14
版　　次：2022 年 7 月第 1 版　　　印　　次：2024 年 3 月第 5 次印刷
书　　号：978-7-5168-3325-4

定　　价：59.00 元

终极刺客 /C罗传

刺破苍穹 纵贯寰宇
王者无疆 砥砺终至

Cristiano Ronaldo

2002 年 8 月 13 日，当 17 岁的 C 罗代表葡萄牙体育初次踏上绿茵场那一刻起，也许没有人能想到，20 年之后，他将拥有怎样一个波澜壮阔的职业生涯……

2022 年，20 年弹指一挥间。C 罗从葡萄牙体育启程，在曼联成长，到皇马绽放，赴尤文开疆，然后再回曼联，回到梦开始的地方，一切还是当年的模样。

任时光飞逝，归来仍是少年，C 罗脚下的足球依然美好如初。

"爱我让我更加强大，恨我让我不可阻挡。"
——克里斯蒂亚诺·罗纳尔多

"他是来自另一个星系的球员。他拥有异常稳定的进球效率，以及无与伦比的独特性。"
——齐内丁·齐达内

● 克里斯蒂亚诺·罗纳尔多／Cristiano Ronaldo
● 绰号：小小罗、C罗、总裁、CR7
● 国籍：葡萄牙 ● 出生地：马德拉群岛丰沙尔
● 生日：1985年2月5日 ● 球衣号码：7、9、17、28
● 位置：前锋 ● 身高：1.87米 ● 体重：83公斤
● 俱乐部：葡萄牙体育、曼联、皇马、尤文图斯
● 主要荣誉（个人）：5届金球奖、5届世界足球先生、3届欧洲最佳球员、3届欧洲俱乐部年度最佳前锋、1届欧洲俱乐部年度最佳球员、1届英超年度最佳球员、2届英格兰足球先生、1届英超金靴、1届西甲最佳球员、3届西甲金靴、2届意甲足球先生、1届意甲金靴、1届意甲最佳球员、7届欧冠金靴
● 主要荣誉（团队）：5届欧冠冠军、1届欧洲杯冠军、1届欧国联冠军、4届世俱杯冠军、3届英超冠军、2届西甲冠军、2届意甲冠军、2届欧洲超级杯冠军、1届足总杯冠军、2届联赛杯冠军、1届社区盾冠军、2届国王杯冠军、2届西班牙超级杯冠军、1届意大利杯冠军、2届意大利超级杯冠军

"梅罗是当今最梦幻的球员，甚至没有人能与他们接近。我很自豪梅西是阿根廷球员，C罗拥有很纯粹的原力，我真希望他也是阿根廷人。"

——迭戈·马拉多纳

"C罗在哪里都能上演'帽子戏法'，梅西在巴萨也可以，在其他球队我不确定。"

——弗格森爵士

何谓终极刺客？那一定是克里斯蒂亚诺·罗纳尔多的模样。C罗从葡萄牙体育声名鹊起，到曼联名动天下，再到皇马登峰制霸，又赴尤文图斯开疆拓土，然后再到曼联，在职业生涯二十载之际，续写王者归来的神话。

C罗职业生涯二十年

终极刺客

二十年纵横问谁能相抗

Cristiano Ronaldo

　　一剑刺破苍穹，C罗将英超、西甲、意甲金靴集于一身，他是皇马、欧冠、欧洲杯、国家队的历史射手王，他是足球历史射手王，他几乎收割了关于进球的一切纪录。此外，他又五夺金球奖，率曼联、皇马五次登顶欧冠之巅，他还率领葡萄牙队问鼎欧洲杯，作为王者，C罗可谓荣耀满载。

　　他是绿衫少年、红魔之子、伯纳乌之王，他是一剑光寒十九洲的绝世刺客，他还率领葡萄牙队为大力神杯战至终章。

　　从2002年到2022年，C罗用二十载职业生涯雕刻出"锋华"绝代的刺客传奇，试问，二十年纵横问谁能相抗？

● 文：西贝林3　穆东

特　　别　　纪　　念　　札　　记

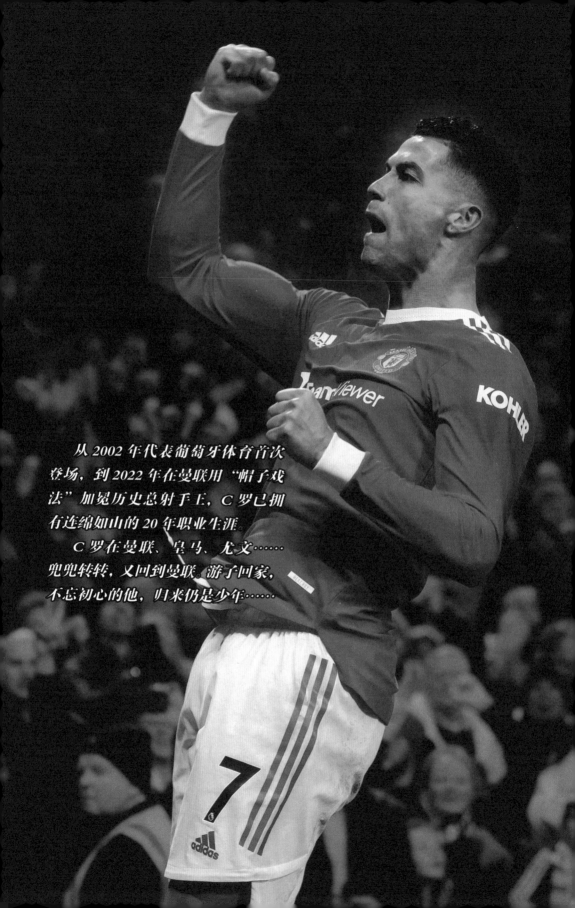

从 2002 年代表葡萄牙体育首次登场，到 2022 年在曼联用"帽子戏法"加冕历史总射手王，C 罗已拥有连绵如山的 20 年职业生涯。

C 罗在曼联、皇马、尤文……兜兜转转，又回到曼联。游子回家，不忘初心的他，归来仍是少年……

王道 / 纪录之王
树立令人望峰息心的纪录标尺

2022 年 3 月 13 日，37 岁的 C 罗在与热刺的比赛中上演"帽子戏法"，将职业生涯总进球数提升到 807 粒，超越传奇射手约瑟夫·比肯，独享足坛历史第一射手的王座。

从 17 岁正式从葡萄牙体育一线队亮相，到如今驰骋英超赛场，二十年间，C 罗就像一台纪录收割机，成就了其他球员难以企及的高度。截至 2022 年 6 月底，他加冕世界足坛历史射手王（815 球）、欧冠总射手王（141 球）＆总助攻王（42 次）、欧洲杯总射手王（14 球）、国家队历史第一射手（117 球）、皇马队史第一射手（450 球），他还是唯一一位集齐英超、西甲、意甲三大联赛金靴的球员……这就是射手的王道。

C 罗拥有多项进球纪录，还不断提高纪录的上限，让追赶者几乎望峰息心。作为一名前锋，他不仅拥有强大的进球能力，而且还有全天候、无死角的射门感觉，以及连绵无垠的巅峰期，这就让他在英超、西甲、意甲都能夺得金靴、上演"帽子戏法"的原因。除了天赋异禀、射术高超，十年如一日的勤练不辍与高度自律也是 C 罗成功的秘诀。

纵观足坛历史，即便强如普斯卡什、贝利和盖德·穆勒，生涯总进球数也停留在 700 上下。与 C 罗并称"绝代双骄"的梅西，离开巴萨之后，进球产量也有所滑落，而 C 罗在英超、西甲和意甲三大顶级联赛，都能保持极高的进球效率，均留下璀璨一笔。

2 极耀 / 荣誉满载
三大联赛俱乐部荣耀大满贯

无论是俱乐部还是国家队，C罗都曾用无可争议的个人表演兑现各种（个人与集体）至尊荣誉：5届金球奖和3届世界足球先生是他个人统治力的最好佐证。而在C罗进球助力之下，则是曼联、皇马、尤文和葡萄牙国家队，在各条战线上的高歌猛进。C罗曾率领皇马豪取欧冠三连冠，他也集齐英超、西甲、意甲三大顶级联赛的金靴＋联赛冠军，成为获此殊荣的第一人。

哪怕是被人质疑最多的国家队层面，C罗也在2016年欧洲杯上演了破茧成蝶的神话，率领葡萄牙队"爆冷"夺得欧洲杯冠军，就此解锁了个人、俱乐部、国家队全维度荣耀的最后一环。

C罗荣耀满载，如果说遗憾，那就是荣誉室中独缺世界杯冠军。2022年，C罗率领葡萄牙队再次出征世界杯，去完成"夺得大力神杯"的未竟理想。

3 独刺 / 神技通玄
十八般武艺样样精通且持续高能

从脚踩单车的边路快马，到独闯龙潭的中路神锋，再到飘忽不定的前场杀器……当C罗出现在前场，无论是左右边路还是中锋，他都是对方后卫和门将的梦魇。

在个人技术上，C罗可谓历史上难得一见的集大成者，他将一个前场攻击手所具备的全部技能都打磨到了极致，单拎出任何一项技术，这位葡萄牙人都可以妙到豪巅。

论盘带，C罗还是那位神鬼莫测的单车少年，华丽过人和极限超车都深入血脉，随时可以信手拈来；论速度，巅峰时的C罗冲刺速度可达到惊人的33.6千米/小时，堪称足坛第一飞人；论脚法，落叶斩、弯弓射，他的远射功夫和任意球自成一派；论头球，

他的弹跳高度和滞空时间都达到顶级，可以轻松在禁区起飞、俯瞰对手，完成轰炸；论即兴，C罗更是凭借射手本能和嗅觉，加上高绝的个人创造力，可以完成令人叹为观止的进球杰作，那记"倒挂金钩"的射门，便是完美例证。

C罗精通各种进攻绝技，并且融会贯通。作为绿茵场上最犀利的矛，他刺穿对手大门的手段层出不穷。

C罗已臻化境的个人能力，让他可以在中前场从容地应对各种防守，二十年间，对胜利近乎偏执的渴望，让C罗从瘦弱的边路突击手，不断进化提升，终成足坛史上身手全面、效率惊人、续航持久的终极刺客。

4 归程 / 再回曼联
重回"梦剧场"上演王者归来

2021 年 8 月 27 日晚上 11 点 53 分，曼联官宣：C 罗回归！随着一系列荡气回肠的比赛过后，重披"红魔 7 号"战袍的 C 罗重新定义了———王者归来！

首秀即梅开二度、两次上演"帽子戏法"，加冕历史总射手王的同时，C 罗将"梦剧场"的传奇继续延续，即便他已 37 岁了。

"愿你出走半生，归来仍是少年"，这句话放到其他球星身上，更多的是一种对时光的追忆与对现实的妥协，归来已非当年风采，但 C 罗是个例外，回归的他依旧巅峰。

2002 年，C 罗代表葡萄牙体育一线队出战葡超联赛，17 岁的他已锋芒毕露。一年后，他便被弗格森爵士执教的曼联以 1224 万英镑签下，就此从"梦剧场"开启了巨星征程。

20 年间，曾经的葡萄牙少年横扫英伦、登顶欧冠、君临皇马、荣耀等身，风行意甲怒拔头筹，已近中年的他重回曼联仍风采依旧……可以说，C 罗在曼联才逐渐具有大将之风，成为名满天下的金球先生，这里倾注了弗爵爷的心血。

二十载风云激荡，C 罗早已功成名就，但他依然不忘初心，带着对足球的赤子情怀重回"梦剧场"。他不是大小罗式的叶落归根，上演一幕幕"传奇再见"。他的归来，是"传奇再现""王者归来"，因为他是永远不服输的克里斯蒂亚诺·罗纳尔多。

5 未竟 / 大力神杯

率领葡萄牙再次剑指世界杯

毋庸置疑，C罗是这个星球上最好的现役足球运动员之一。他几乎斩获所有荣耀、打破各项纪录，并与梅西联袂呈现"绝代双骄"巅峰盛世已经绵延十数年。但挑剔的球迷们仍然不会给C罗一个"球王"的封号，因为他没有率领葡萄牙队捧起"大力神杯"，梅西亦然……

因为不服输，所以C罗要率领葡萄牙队第五次踏上世界杯的征程，哪怕前四次都折戟而归

2004年的葡萄牙之夏，是C罗第一次在国际舞台上亮相的时刻。在家门口，他体会到了与冠军擦肩而过的遗憾，泪水模糊了19岁少年的视线，但哭过之后他告诉自己，征途尚远，绝不止步

2006年德国世界杯，21岁的C罗在首次世界杯之旅就随队打进四强，彼时他还是菲戈身旁的"小小罗"。之后，C罗逐渐接过"黄金一代"的火炬，2010、2014和2018年，C罗独自率领葡萄牙队三次征战世界杯，可惜只有孤胆英雄的悲壮，没有高歌猛进的辉煌

C罗率领葡萄牙队在2016年欧洲杯已经夺冠，但还需要去夺取世界杯。2022年的卡塔尔，葡萄牙队被分在H组，同组的有加纳队、乌拉圭队和韩国队，这里有太多的历史恩怨，C罗与葡萄牙队迎来"复仇"的契机

2022年可能是C罗最后一届世界杯，为了冠军之梦，他一定会放手一搏

在此，祝C罗和葡萄牙队好运

1

2008 年度进 34 球 / 11 次助攻

2008 年度荣耀

英超冠军 / 欧冠冠军

世俱杯冠军

金球奖 / 世界足球先生

英超最佳球员 / 英格兰足球先生

欧洲最佳前锋 / 欧洲金靴 / 英超金靴

2008

2013 年度进 59 球 / 14 次助攻

2013 年度荣耀

金球奖 / 西甲最佳球员 / 欧冠最佳射手

2

2013

3

2014 年度进 56 球 / 19 次助攻

2014 年度荣耀

国王杯冠军 / 欧冠冠军

欧洲超级杯冠军 / 世俱杯冠军

金球奖 / 欧洲最佳球员

西甲最佳球员 / 西甲最佳前锋

西甲最佳射手 / 欧洲金靴

欧冠最佳射手

2014

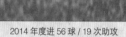

4

2016 年度进 42 球 / 14 次助攻
2016 年度荣耀
欧洲杯冠军 / 欧冠冠军 / 世俱杯冠军
金球奖 / 世界最佳男子球员
欧洲最佳球员 / 西甲最佳球员
葡萄牙年度最佳球员 / 欧冠最佳射手

2016

金球五指山

　　C 罗五度加冕金球奖，是获奖最多的欧洲球员。

　　2008 年，C 罗率领曼联完成双冠（英超和欧冠）伟业，首次夺得金球奖。2013 年，C 罗凭借年度 59 场进 69 球的惊世壮举，二度加冕金球奖。

　　随后，C 罗在欧冠赛事上表现得无与伦比，连续五届蝉联最佳射手，率领皇马四年三冠，并且率领葡萄牙队在欧洲杯也问鼎冠军，这让他在 2014 年、2016 年和 2017 年里的金球奖角逐中力压梅西，三次夺下金球奖。

　　"金球五指山"承载着 C 罗盛世荣耀的极致荣光。

2017 年度进 42 球 / 8 次助攻
2017 年度荣耀
西甲冠军 / 欧冠冠军
欧洲超级杯冠军 / 西班牙超级杯冠军
世俱杯冠军
金球奖 / 世界最佳男子球员
欧洲最佳球员 / 欧洲最佳前锋
葡萄牙年度最佳球员、欧冠最佳射手

5

2017

2002—2003

5

效力葡萄牙体育
31 场／进 5 球

2003—2009

118

效力曼联
292 场／进 118 球

2009—2018

450

效力皇马
438 场／进 450 球

2018—2021
101

效力尤文图斯
134场／进101球

2021—2022.3.12
18

效力曼联
32场／进18球

2003—2021.10.12
117

效力葡萄牙国家队
189场／进117球

2022年3月13日，37岁零35天的C罗上演"帽子戏法"，率领曼联以3比2击败热刺，他的总进球数提升到807粒，超越传奇射手约瑟夫·比肯，独享足坛历史第一射手的王座。

截至2022年6月底，C罗又将历史第一射手的总进球数纪录提升到815粒。

TOP 7
总射手榜

1.C罗

815

2.比肯

805

3.贝利

767

4.梅西

761

5.罗马里奥

744

6.普斯卡什

741

7.穆勒

735

141
欧冠历史射手王

截至2021/2022赛季结束，C罗的欧冠总进球数为141粒，再度刷新欧冠的总进球纪录，坐稳欧冠历史射手王的宝座。

此外，C罗还曾连续6个赛季雄霸欧冠射手榜，7次夺得欧冠"金靴"，并且以42次助攻，加冕欧冠助攻王，还率队夺得5座欧冠冠军奖杯。

117
国家队历史射手王

2021年9月1日，世界杯预选赛，葡萄牙队以2比1战胜爱尔兰队，C罗梅开二度，不仅率队逆转绝杀取胜，还以111球的数据打破伊朗传奇前锋阿里·代伊保持的109球的国家队总进球纪录，在国家队历史射手榜独占鳌头。

世界杯预选赛战罢，C罗率领葡萄牙队成功挺进卡塔尔，截至2022年6月底，他的国家队进球总数已经达到117粒。

14
欧洲杯历史射手王

2021年6月15日，欧洲杯F组首轮，C罗梅开二度，率领葡萄牙队以3比0战胜匈牙利队。自此他共打入11粒欧洲杯进球，超越普拉蒂尼，成为欧洲杯历史射手王。

2021年6月24日，葡萄牙队对阵法国队，C罗再次梅开二度，将欧洲杯射手王的进球上限调整为14球。

10
国家队"戴帽"最多

2021年10月12日，世界杯欧洲区预选赛，葡萄牙队对阵卢森堡队，C罗独中三元，完成了自己在国家队的第10次"帽子戏法"，打破了由瑞典前锋斯文·里德尔保持的9次国家队"戴帽"纪录。

450
皇马历史射手王

C罗效力皇马9个赛季，每赛季进球均超过30球，共打进450球，创造皇马队史纪录。他在2014/2015赛季在各项赛事中总进球达到惊人的61粒，创造队史纪录。C罗其他数据也在皇马名列前茅，是名副其实的"伯纳乌之王"。

815
足坛历史射手王

2022年3月12日，英超第29轮，曼联以3比2战胜热刺，C罗上演"帽子戏法"，各项赛事总进球达到807球，超越奥地利球星约瑟夫·比肯（805球），成为足球史上进球最多的球员。截至2022年6月底，C罗又将历史第一的总进球数刷新到815粒。

12

连续12个赛季进球20+

2021年3月3日，意甲第25轮，尤文图斯主场以3比0击败斯佩齐亚。此战C罗迎来生涯第600场联赛里程碑，并打入一球。至此，C罗成为历史首位连续12个赛季打入20+球的欧洲球员

60

现役"戴帽"最多球员

2022年4月16日，凭借C罗的"帽子戏法"，曼联以3比2击败诺维奇。

C罗共60次上演"帽子戏法"，是足坛历史上"戴帽"最多的现役球员。

此外，C罗还在欧冠赛场完成8次"帽子戏法"，与梅西并列成为欧冠"戴帽王"。

228

西甲进250球最快场次

2016年3月6日，西甲第28轮，皇马7比1大胜塞尔塔，C罗完成"大四喜"。他只用了228便达到西甲250球的里程碑，创造西甲新纪录，此前的纪录保持者是特尔莫·萨拉（269场），梅西达此里程用了289场。

50

首位三大联赛50球球员

2020年7月21日，尤文图斯以2比1战胜拉齐奥，C罗罚进点球，在加盟尤文的前61场比赛中打进50粒进球，成为诺达尔之后意甲联赛最快进50球的球员，同时他也是首位在英超、西甲和意甲三大联赛均打进50球的球员。

1

欧冠多项数据之最

作为"欧冠之王"，除了上述数据，C罗在欧冠赛场还有多项数据都保持第一。

他创造在欧冠淘汰赛进球最多（58球）纪录，连续进球场次最多（11场）纪录。他是唯一一次欧冠决赛上取得进球的球员，并创造自然年欧冠进19球的历史纪录。

5

五子登科

2015年4月5日，西甲第29轮，皇马在主场以9比1狂胜格拉纳达，C罗上半场8分钟内就上演"帽子戏法"，创造皇马历史最快"戴帽"纪录，下半场又梅开二度，完成了"五子登科"的大戏。

37

尤文单赛季进球最多

2019/2020赛季，C罗在意甲打进31球，意大利杯打进2球，欧冠打进4球，累计打进37球，成为尤文图斯历史单赛季进球最多的球员。

181

代表国家队出场次数最多的欧洲球员

2021年10月9日，葡萄牙队以3比0战胜卡塔尔队，C罗代表国家队第181次出场，超越西班牙球员拉莫斯的180场，成为为国家队出战场次最多的欧洲球员。

1

首位三大金靴先生

2020/2021赛季，C罗代表尤文图斯在意甲打进29球，夺得意甲金靴（最佳射手），成为首位将英超、西甲和意甲金靴集于一身的球员。

9

欧冠小组赛全进球纪录

2017年12月6日，欧冠小组赛，皇马以3比2险胜多特蒙德，C罗打进本赛季第9粒欧冠进球。成为欧冠首位在6场小组赛场场进球的球员。

代表葡萄牙队总进球数

117

代表葡萄牙队总助攻数

42

葡萄牙之耀
Portugal

　　毫无疑问，C罗就是葡萄牙国家队最伟大的球员，也是世界最伟大的球员之一，他保持着117粒国家队进球的世界纪录。

　　C罗代表葡萄牙队已参加四届世界杯、五届欧洲杯，在其辉煌的国家队征程里，C罗以14粒进球加冕欧洲杯历史射手王，并在世界杯上演过技惊天下的"帽子戏法"。

　　C罗一直肩负着振兴葡萄牙足球的重任，从2004年欧洲杯横空出世，到2022年率领葡萄牙队开启自己的第五次世界杯之旅，C罗从没忘记自己的承诺，他要率领葡萄牙队称霸世界。

5 五届金球奖 2008年 2013年 2014年 2016年 2017年

1 一届欧洲俱乐部年度最佳球员  2008年

5 五届世界足球先生 2008年 2013年 2014年 2016年 2017年

3 三届欧洲最佳球员 2014年 2016年 2017年

2010年—2015年金球奖与世界足球先生合并，足球先生不单设奖杯。

5 五届葡萄牙年度最佳球员 2015年 2016年 2017年 2018年 2019年

1 一届英超金靴奖 2007/2008 赛季

10 十届葡萄牙最佳海外运动员 2007年 2008年 2009年 2011年 2012年
2013年 2015年 2016年 2017年 2018年

1 一届意甲最佳球员 2018/2019 赛季

1 一届意大利年度最佳球员 2018/2019 赛季

4 四届欧洲金靴奖 2007/2008 赛季 2010/2011 赛季 2013/2014 赛季 2014/2015 赛季

2 两届英格兰足球先生 2006/2007赛季 2007/2008赛季

3 三届西甲金靴奖 2010/2011 赛季 2013/2014 赛季 2014/2015 赛季

3 三届欧洲俱乐部年度最佳前锋 2008年 2017年 2018年

5

五届欧冠
联赛冠军　　2007/2008赛季　　2013/2014赛季　　2015/2016赛季　　2016/2017赛季　　2017/2018赛季

2 **2**

两届西甲冠军　　2011/2012 赛季　　2016/20017 赛季　　两届意甲冠军　　2018/2019 赛季　　2019/2020 赛季

3 **2**

三届英超冠军　　2006/2007赛季　　2007/2008赛季　　2008/2009赛季　　两届联赛
杯冠军　　2005/2006赛季　　2008/2009赛季

2   **2**

两届国王杯冠军　　2010/2011 赛季　　2013/2014 赛季　　两届西班牙
超级杯冠军　　2012 年　　2017 年

2   **1** **1**

两届意大利
超级杯冠军　　2018年　　2020年　　一届意大
利杯冠军　　2020/2021赛季　　一届足总
杯冠军　　2003/2004赛季

2   **1** **1**

两届欧洲
超级杯冠军　　2014 年　　2017 年　　一届社区
盾冠军　　2007年　　一届葡萄牙
超级杯冠军　　2002年

1 **1** **4**

一届欧洲国
家联赛冠军　　2019年　　一届欧洲
杯冠军　　2016年　　四届世俱
杯冠军　　2008年　　2014年　　2016年　　2017年

Cristiano Ronaldo
克里斯蒂亚诺·罗纳尔多

葡萄牙前锋

现效力于曼联

年少万兜鍪，坐断东南战未休。天下英雄谁敌手？曹刘。

311 粒西甲联赛进球

141 粒欧冠联赛进球

18 粒国家德比进球

117 粒国家队进球

5 届金球奖

5 届世界足球先生

3 届欧洲最佳球员

4 届欧洲金靴奖

3 届欧洲俱乐部年度最佳前锋

1 届欧洲俱乐部年度最佳球员

1 届西甲最佳球员

3 届西甲金靴奖

7 届欧冠最佳射手

2 届西甲联赛冠军

5 届欧冠联赛冠军

1 届欧洲杯冠军

1 届欧国联冠军

绝代

C罗与梅西交锋数据

赛事名称	交锋	C罗胜	梅西胜	平局	C罗进球	梅西进球
西甲联赛	18次	4次	10次	4次	9球	12球
欧冠联赛	6次	2次	2次	2次	2球	3球
国王杯	5次	2次	1次	2次	5球	0球
西班牙超级杯	5次	2次	2次	1次	4球	6球
国家队友谊赛	2次	1次	1次	0次	1球	1球
汇总	36次	11次	16次	9次	21球	22球

梅西和Ｃ罗，足坛的「绝代双娇」，两人夺得12座金球奖杯，2008—2018年在西甲更是展开十年直接对决，留下无数经典。伟大的对手成就伟大的自己，他们留下一段双峰对峙的佳话，成为无数球迷的青春记忆。

Lionel Messi

里奥·梅西

阿根廷前锋

现效力于巴黎圣日尔曼

474 粒西甲联赛进球

125 粒欧冠联赛进球

26 粒国家德比进球

86 粒国家队进球

7 届金球奖

6 届世界足球先生

2 届欧洲最佳球员

6 届欧洲金靴

2 届欧洲俱乐部年度最佳前锋

1 届欧洲俱乐部年度最佳球员

9 届西甲最佳球员

8 届西甲金靴奖

6 届欧冠最佳射手

10 届西甲联赛冠军

1 届法甲联赛冠军

4 届欧冠联赛冠军

1 届美洲杯冠军

1 届欧美杯冠军

双骄

俱乐部进球数据	C罗	梅西
总进球	698 球	683 球
助攻	198 次	316 次
帽子戏法	50 次	48 次
点球进球	128 球	84 球
任意球进球	48 球	50 球
左脚进球	123 球	568 球
右脚进球	460 球	88 球
头球进球	113 球	24 球
其他部位进球	2 球	3 球

国家队进球数据	C罗	梅西
总进球	117 球	86 球
助攻	42 次	51 次
帽子戏法	10 次	8 次
点球进球	16 球	19 球
任意球进球	10 球	8 球
左脚进球	26 球	77 球
右脚进球	63 球	7 球
头球进球	28 球	2 球
其他部位进球	0 球	0 球

●点球进球包含点球大战，俱乐部数据不包含友谊赛进球。

从丰沙尔的小镇少年，到名满天下的足球巨星，C罗一路走来，身边总有家人相伴。父亲何塞让C罗走上足球之路，母亲玛丽亚视C罗为骄傲，哥哥雨果在场下经常陪伴其左右，两位姐姐与C罗关系也不错。

C罗曾在情场多有波折，但乔治娜这位导购小姐却能与之琴瑟和谐。2017年6月8日，C罗喜得一对龙凤胎——女儿（姐）艾娃和儿子（弟）马特奥。同年11月13日，乔治娜再为C罗诞下爱女阿拉娜。

2022年4月18日，C罗与乔治娜的龙凤胎小女儿贝拉出生，可惜他们的龙凤胎男婴不幸夭折，对此C罗悲痛写到，"生命开始的地方，爱永不消逝"，以示怀念。

C罗除了上述几位子女之外，还有众所周知的长子"迷你罗"，从小就展现惊人足球天赋的"迷你罗"有望子承父业，未来巨星冉冉升起。

"总裁"家族
Cristiano Ronaldo

- 克里斯蒂亚诺·罗纳尔多 / Cristiano Ronaldo
- 妻子 / 乔治娜·罗德里格斯 / Georgina Rodríguez
- 父亲 / 何塞·迪尼斯·阿韦罗 / José Dinis Aveiro
- 母亲 / 玛丽亚·多洛雷斯·阿韦罗 / Maria Dolores Aveiro
- 大哥 / 雨果·阿韦罗 / Hugo Aveiro
- 大姐 / 埃尔玛·阿韦罗 / Elma Aveiro
- 二姐 / 卡蒂亚·阿韦罗 / Kátia Aveiro
- 大儿子 / 克里斯蒂亚诺·罗纳尔多·多斯·桑托斯
  Cristiano Ronaldo Jr. dos Santos
- 二儿子 / 马特奥·罗纳尔多·多斯·桑托斯 / Mateo Ronaldo
- 大女儿 / 伊娃·玛丽亚·多斯·桑托斯 / Eva Maria dos Santos
- 二女儿 / 阿拉娜·玛蒂娜 / Alana Martina
- 三女儿 / 贝拉·埃斯梅拉达 / Bella Esmeralda

终极刺客罗传

CRISTIANO RONALDO

○文：穆东　马里奥　张小米

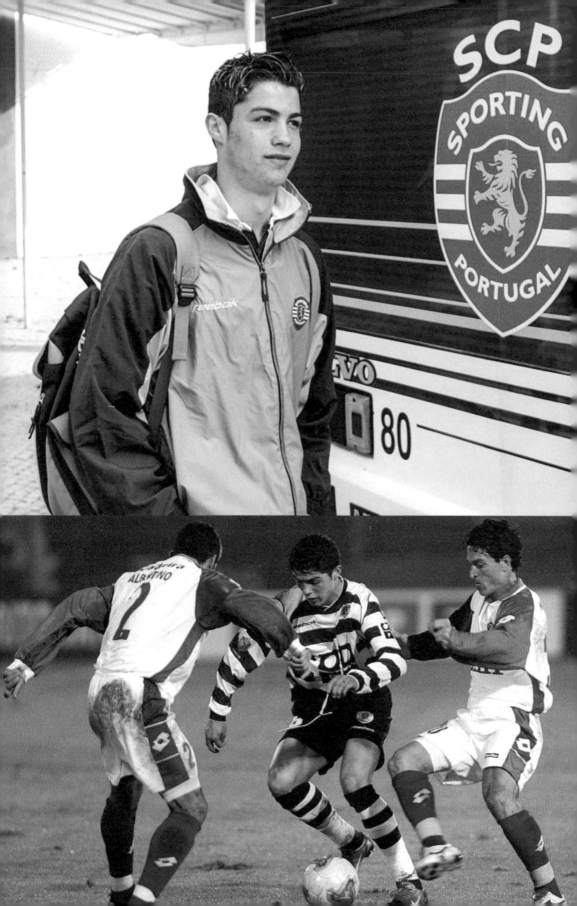

第一章
丰沙尔之梦

终 极 刺 客 ：C 罗 传

天才诞生

CRISTIANO RONALDO

在葡萄牙首都里斯本的西南，约 860 千米处的非洲西海岸外，有一个名叫马德拉的群岛。这个坐落在北大西洋上的群岛，在无数的旅游指南上被誉为"大西洋上的明珠"，群山环绕，风景优美。群岛由两座主岛——马德拉和波尔图桑塔，以及另外三座无人居住的小岛组成。海拔 1862 米的岛上最高峰为鲁伊峰，也是整个葡萄牙境内的最高点。

马德拉自治省的首府丰沙尔位于主岛上，是一座常住人口仅为 11 万的小城，而克里斯蒂亚诺·罗纳尔多（简称 C 罗）无疑是这 11 万人中最著名的一员。而矗立在丰沙尔港海洋广场上的 C 罗铜像，无疑成为这座旅游小城最为显著的地标。

年少时 C 罗的家，坐落在一条在岛上随处可见的狭窄小道的尽头。而如今，当年的房子已经不复存在，仅剩下一片茂密的灌木丛、一个五人制足球场和一家小酒吧。然而这并没有降低球迷们前来"朝圣"的热情。世界各地的球迷跋山涉水来到这里，只为追寻偶像的足迹——C 罗出生的地方。

1985 年 2 月 5 日，C 罗出生在丰沙尔岛的德卡瓦略医院。史书上总说，但凡贵子降生，必有祥瑞降临，我们无从得知那一天的丰沙尔岛到底气象几何，对于已经拥有三名子女的何塞夫妇（C 罗的父母）而言，这个小男孩的诞生让生活更加艰辛了。

C 罗的母亲玛丽亚·多洛雷斯·阿韦罗是一名厨师，父亲何塞·迪尼斯·阿韦罗曾是一名军人，战争给他带来了巨大的阴影，他常酗酒，这也是儿时的 C 罗对于父亲的最初印象。

关于这位幼子的命名，C 罗的母亲玛丽亚回忆："我的妹妹当时对我说，可以起名叫克里斯蒂亚诺。我的丈夫很欣赏罗纳德·里根的电影，所以决定给他起名为克里斯蒂亚诺·罗纳尔多。"

一家之主何塞·迪尼斯只是个市政府的园丁，在其业余时间里，何塞为当地一家名为安多里尼亚的业余足球俱乐部工作。C 罗出生后，球队队长费尔南多·索萨欣然答应了何塞的请求，决定担任这个小男孩的教父。

葡萄牙是个基督教氛围很浓的国家，几乎每一位新生儿在一定年龄后，都需要按照

教义，在规定的时间接受神父的洗礼。可是问题出现了，在 C 罗预订接受洗礼的同一天，安多里尼亚俱乐部要在下午四点参加一场足球比赛。

命运之轮在此时悄然转动，足球也就在此刻与 C 罗结下了不解之缘。

对于 C 罗一家来说，在马德拉岛上的生活却并不像那里的阳光一样灿烂，贫穷使得这个六口之家举步维艰。因为房间不够，C 罗兄弟姐妹四人不得不共用一个房间。

虽然生活相当艰苦，但 C 罗记忆中的童年却十分美好，因为两三岁时的他就开始在街上踢球，这种经历让他找到了自己一生中的挚爱 —— 足球。

小 C 罗酷爱足球，但丰沙尔这座小城并没有多少合适的踢球场地。"我有自己的'私人球场'，那就是水泥地的大街。"C 罗在日后每当回忆起这段往事时，眼神就像马德拉的海水一样清澈灵动，他似乎又回到了那个足球启蒙时代。

渐渐长大的 C 罗开始变着花样过人，而且学会了永不服输。"街上踢球的孩子都比我大，我只能晃过他们才能继续前进。当然他们经常把我推倒或是铲翻，这是一种精神上的挑衅，你不能服软，必须站起来，然后用足球击败他。"C 罗回忆道。

如今二十多年过去了，C 罗依然做着同样的事情，一次次被对手铲倒，然后带着他永不言败的精神，一次次爬起来继续突破。

小时候的 C 罗经常在街上踢球，在他 6 岁时，父亲何塞让爱子去自己工作的安多里尼亚俱乐部进行专业训练，自那时起，C 罗就开始系统地学习足球了。

C 罗开始每天都去训练，非常享受成为球队一员的感觉。父亲一直都在那里支持他。一开始 C 罗觉得自己和其他孩子有点不同，但并没有觉得自己有很特别的天赋。

即便如此，C 罗的绿茵巨星之路，就从这时悄然开启了。

职训少年

安多里尼亚是一支效力葡萄牙足球乙级联赛的球队，C 罗的表兄努诺是该俱乐部的一员。在小 C 罗 6 岁的某一天，努诺邀请这位小表弟去看球，并做出了让小 C 罗参加比赛的决定。这个决定得到 C 罗家人们的支持，C 罗一家都是铁杆足球迷：父亲何塞和哥哥雨果都是本菲卡的球迷，而母亲玛丽亚则更偏爱路易斯·菲戈，当时菲戈效力于葡萄牙体育（即里斯本竞技）。那场比赛让 C 罗走上职业足球的道路。

3 年后，9 岁的 C 罗正式成为丰沙尔足协登记在册的球员，他被注册的全名是克里斯蒂亚诺·罗纳尔多·多斯桑托斯·阿维罗，编号 17182。1994/1995 赛季，C 罗披上了安多里尼亚俱乐部的浅蓝色球衣。

安多里尼亚在葡萄牙语里是燕子的意思。据说，这个名字来源于俱乐部早期某位明星球员的一次精彩射门，那脚射门引来了一只燕子的追逐，因此有了这个有趣的名字。

C 罗二姐的小学老师弗朗西斯科，成了小克里斯蒂亚诺的第一位正式主教练。时至今日，这位老教练还记得最初在安多里尼亚训练场上看到 C 罗时的情形。"他的速度很快，技术出众，左右脚能力均衡。他的天赋是与生俱来的，无论在球场上的什么位置，他都全神贯注，冲劲十足。他不会放过任何一次机会，总是希望成为终结对手的那个人。"

1993/1994 赛季，一场青少年联赛，安多里尼亚对阵强队卡马查，上半场对手就已经取得了两球的领先。中场休息的时候，伤心的 C 罗就像失去心爱玩具的小孩一样啜泣着。

下半场替补出场后，C 罗连进两球，带领球队以 3 比 2 反败为胜。他非常讨厌失败，希望赢得每一场比赛。那时候，小 C 罗在每一次失利时都会大哭一场，所以大家给他起了个"爱哭鬼"

的绰号。

　　C罗当时的另一个绰号则是"小蜜蜂"，因为他总是在场上不断奔跑，就像一只勤劳的小蜜蜂一样，勤奋不辍，这一点也展现出他超越其他孩子的巨星潜质。

　　当时的安多里尼亚只是一支弱旅，在与一些强队交锋时，全无还手之力。小C罗开始有了消极逃避的情绪，父亲何塞及时纠正他，并告诫他："只有软弱的人才会放弃。"这给小C罗上了铭记终生的一课。

　　安多里尼亚俱乐部的知遇之恩，C罗一直都深藏于心。2013年，C罗为自己修建了一座博物馆。而其中一件藏品备受他钟爱，便是他8岁时在安多里尼亚俱乐部赢得的最佳射手奖奖杯。

　　凭借如此优异的表现，C罗很快就引起了当地知名俱乐部的注意。1995年，在安多里尼亚俱乐部效力了3年的C罗，在父亲的带领下，加盟了马德拉最好的球队——葡萄牙国民俱乐部。训练器械和球衣，就是国民签下C罗的"转会费"。在那里，初步展现出足球天赋的C罗，得到了更多人的注意。当时球队的教练门东卡回忆说："C罗是我见过的最出色的年轻球员，我甚至无法相信他的球技。那时候我们经常能赢对手9个或10个球，而C罗经常能包办一半的入球。"

　　那一年，小C罗刚满10岁，但在同龄人当中，他个子高、技术好，很快就展现出了比队友高出一等的能力。马德拉岛地处偏远，很少会有外地观众前来看球。但在当时国民的看台上，除了C罗的父亲之外，各大球队的球探们也都在摩拳擦掌。这个刚满10岁的孩子，就像一块世间罕见的璞玉。

　　1995/1996赛季，C罗帮助国民队获得了10-12岁级别的联赛冠军。这是他的第一个区域冠军头衔，因此他也被"绿白军团"的葡萄牙体育高层所注意。

　　渐渐地，国民俱乐部这座"小庙"，似乎也开始容不下C罗这尊"大佛"了。

试训里斯本

CRISTIANO RONALDO

1997 年初，葡萄牙体育俱乐部慕名而来，向 C 罗伸出橄榄枝。

"绿白军团"葡萄牙体育又被称为里斯本竞技，堪称葡萄牙足坛的第一豪门。

第一豪门的邀请令人很难拒绝，于是，C 罗在 1997 年的复活节假期告别了丰沙尔，在教父索萨的陪伴下来到了里斯本参加试训。然而事实上，C 罗个人更想去本菲卡，因为这是他父亲以及哥哥的最爱。但是他的母亲则更偏爱葡萄牙体育，而且她预感自己的儿子将来能像菲戈一样伟大。当然，葡萄牙体育也不错，这里拥有当时在国内最好的青训系统，当时葡萄牙最闪耀的球星菲戈，就是这里的毕业生。

C 罗似乎就是为大场面而生的，豪门的气场没有吓倒这个 12 岁的孩子。俱乐部的教练们初次见到 C 罗时并不看好，他们认为这位来自海岛的小男孩体形太瘦弱了。但当教练们看到 C 罗踢球时，都改变了刻板印象。C 罗可以轻松突破两三名对手，带球全场飞奔，把首次试训变成了自己的一场个人秀，征服了所有人。

第二天，青训营主管奥雷里奥·佩雷拉想亲自到场边考察 C 罗。"他很有天赋，左右脚都能踢球，而且速度快得不可思议。当他拿球的时候，皮球就好像成了他身体的一部分。"看完比赛后，佩雷拉这样评价 12 岁的 C 罗，"但是更令我印象深刻的是他的决心。他的个性非常鲜明，心理强大到坚不可摧。"

在第二次试训后，葡萄牙体育俱乐部就决定留下 C 罗，但是如果 C 罗想正式代表葡萄牙体育出战绿茵场还需要一个条件，那就是还需要与前俱乐部国民队达成一些协议。由于当时国民队引进葡萄牙体育一名叫弗兰科的年轻小将，因此欠葡萄牙体育约 1500 英镑的转会费。C 罗的交易刚好让国民队有机会还上这笔钱，这样的价格在当时对于一名 12 岁的孩子来说太过昂贵，但葡萄牙体育觉得这笔投资物有所值。

1997 年，葡萄牙体育以 1500 英镑正式从国民俱乐部引进了年仅 13 岁的 C 罗，同时还解决了两家之间的债务问题。大概葡萄牙体育俱乐部自己也没有想到，仅仅 6 年后，C 罗的身价就上涨了将近 1000 倍之多。

巨星潜质

CRISTIANO RONALDO

　　在加盟葡萄牙体育少年队最初的几个月，困扰 C 罗的并不是球技，而是他的口音。他的马德拉口音，成了那些自幼生长在里斯本的同伴们的笑柄。多年后，C 罗这样回忆，"我的口音很重，和大城市的其他孩子不同，这让我很小就学会了独立。"后来 C 罗慢慢适应了里斯本的生活，并成为球队核心，队员开始信任他，把球传给他。

　　一切开始平顺之时，意外却突然到来！C 罗在 15 岁时被诊断出患有静态心率太快的先天痼疾，一旦治愈不了，可能会让这颗新星提前告别职业生涯，好在在葡萄牙体育俱乐部的帮助下，C 罗的激光手术异常成功，术后的 C 罗似乎比以前跑得更快。

　　C 罗在培养过菲戈的"足球梦工厂"——葡萄牙体育俱乐部的青训营，接受了 5 年严格、科学的训练，逐渐成为同伴中的佼佼者。佩雷拉曾经说："从 C 罗 11 岁时，我就认为他未来能够成为巨星，因为他从那时就展示了所有成为巨星的潜质。"

　　2001 年，C 罗还不是葡萄牙最具盛名的足球少年，因为还有里卡多·夸雷斯马。

　　2001/2002 赛季，时任葡萄牙体育主教练的拉斯洛·博洛尼把年仅 16 岁的 C 罗提拔到一线队。我们今天能看到一个在各个方面都接近完美的 C 罗，就是源于那段千锤百炼的青训时光。他摧枯拉朽的过人、完美无瑕的传球、防不胜防的射门、像炮弹一样势大力沉的头球……都是用细密的汗水一层层铺就的。

　　在青训营经过几年的卧薪尝胆后，2002 年夏天，C 罗终于获得了在一线队的出场资格。对阵皇家贝蒂斯的友谊赛，年仅 17 岁的 C 罗替补登场，用单骑闯关的方式晃过门将，帮助葡萄牙体育攻入一记逆天挑射。凭借这粒制胜进球，葡萄牙体育以 3 比 2 的比分拿下了一场惊险的胜利。充满天赋的少年在一个夏天，就完成了从 U-16 到 U-18 到二线队，再到一线队的"四级跳"。2002 年 10 月 7 日，葡超第 6 轮面对摩雷伦斯，17 岁 8 个月零 2 天的 C 罗第一次出现在葡萄牙体育的首发名单里，首次首发的他便"梅开二度"，一鸣惊人，奉献了一记奔袭 60 米的单骑叩关巧入网，以及一记头球破门。

　　在王者成长之路的开端，C 罗已经准备好了。

第二章
扬威欧罗巴

终 极 刺 客 ：C 罗 传

进阶国家队

CRISTIANO RONALDO

2001 年 2 月 24 日，16 岁的 C 罗完成了葡萄牙 U-15 国家队的首秀，那是一场与南非 U-15 国家队的比赛。在比赛中 C 罗表现突出，为葡萄牙队创造了不少得分机会。两个月之后，C 罗又在另一场比赛中上演"帽子戏法"，震惊了欧洲球坛。

C 罗在葡萄牙 U-15 国家队共上场 9 次，打进 7 球，当之无愧地成为球队的核心球员。因为他在 U-15 国家队的高光表现，C 罗理所当然地被选拔到了葡萄牙 U-17 国家队，并且成为更高层次国家队的主力。他喜欢盘带控球，领袖气质高出了其他的队友一大截。无论是对手还是队友，都只能看着他在中前场为所欲为。

4 月 27 日，新一届的欧洲 U-17 足球锦标赛在丹麦举行，这也是欧足联将原本维持20 年的欧洲 U-16 足球锦标赛改为 U-17 比赛的第一届比赛。C 罗作为葡萄牙队的球星，自然是被葡萄牙人寄予厚望。然而葡萄牙人的签运并不算好，与他们同处 B 组的是传统足球强国瑞士、"高卢雄鸡"法国队以及东欧劲旅乌克兰队。

4 月 28 日，葡萄牙队的第一场比赛便遭遇法国队，C 罗迫切地要为葡萄牙队正名。比赛上半场，在法甲朗斯队踢球的年轻前锋希特为法国队攻入一球，下半场效力于勒阿弗尔的曼丹尼再下一城。C 罗对法国队的球门一阵狂轰滥炸，却苦于攻门乏术，最终葡萄牙队以 0 比 2 的比分被法国队击败。急火攻心的 C 罗甚至在第 80 分钟吃到了第二张黄牌，被当值主裁驱逐出场，而且下一场也惨遭禁赛。

但解说员对这个初出茅庐的小伙子的未来依然相当看好："请大家注意这个罗纳尔多，这是他的第一届国际大赛。以后，他一定会成为一名世界级的球星。"

由于另一场的比赛中瑞士队以 3 比 1 战胜了乌克兰队，葡萄牙队在第一轮后名列小组倒数第一，急需一场胜利扭转颓势。

第二场比赛在两天之后举行，葡萄牙队的对手是欧洲老牌豪强瑞士队。缺少"进攻利器" C 罗，让这支伊比利亚劲旅举步维艰。上半场仅进行了 13 分钟，第一场比赛中为瑞士队建功的米洛萨维奇再次立功。0 比 1，葡萄牙队又一次陷入了困境，接近了淘汰的边缘。然而最会进球的 C 罗不在场上，葡萄牙队破门乏力，0 比 1 的比分一直保持到终场。

随着另一边消息的传来，法国队与乌克兰队互交白卷，瑞士队积6分，暂列小组第一，提前出线进入淘汰赛阶段。而葡萄牙队积零分成为小组垫底，提前被淘汰出局。

5月2日小组最后一轮比赛，已经提前出局的葡萄牙队对上了乌克兰队。因为没有压力，葡萄牙队只希望在最后一场比赛有所斩获，避免成为"三零部队"，避免耻辱出局也是他们最低的目标。解禁复出的C罗憋着一股火，一定要在这最后的舞台上证明自己的实力。

比赛的第56分钟，后卫佩德罗·阿劳霍一记精妙的进球使得葡萄牙队收获了在本届锦标赛上的首粒进球。然而好景不长，7分钟后，当时效力于基辅迪纳摩队的阿利耶夫为乌克兰队扳回一城。1比1，葡萄牙队的首胜又开始变得扑朔迷离起来。

时间来到了第80分钟，替补上场的波尔图边锋伊万尼尔多灵光一现，帮助葡萄牙队攻入了制胜一球，这也是绝杀的一球。2比1！葡萄牙队沸腾了，他们赢得了本届比赛的第一场也是最后一场胜利，他们可以用一场胜利骄傲地离开丹麦。

作为球队领袖，C罗在终场哨吹响的那一刻尽情高呼，与队友们庆祝着胜利。三场比赛结束，葡萄牙队积3分排在小组第三，可是这已经足以让C罗站在欧洲的舞台上，让全欧洲认识了这个灵巧且善于盘带的葡萄牙边锋。即使C罗没有进球，但是没有人怀疑他在场上起到的作用。赏心悦目的盘带与突破，让人不禁感慨，C罗未来一定是一名出色的球员。

在葡萄牙U-17国家队，C罗一共出场了7次，打进了5球。年纪轻轻的C罗已经展现出了他的"杀手"本色。也正是这届锦标赛上的出色表现，让C罗在那年夏天"四级跳"，获得了在葡萄牙体育一线队的出场机会。

经历了上一次U-17欧洲足球锦标赛小组出局的尴尬后，新一届的葡萄牙U-17国家队开始了励精图治。2003年，作为东道主，新一届的葡萄牙队在赛事中一路高歌猛进。在决赛中淘汰了上届第四名——伊比利亚半岛的兄弟西班牙队，首次夺回了欧洲U-17足球锦标赛冠军。

可惜的是，这一届荣誉满载的U-17国家队与C罗并无关系。C罗看完比赛，一方面为自己U-17的队友感到高兴，另一方面又对自己上次的表现感到懊恼。但C罗不必过多纠结，年轻的孩子会有大把的出场机会。因为与欧洲U-17足球锦标赛相隔一月有余，土伦杯国际足球邀请赛也紧锣密鼓地开始了。

君临土伦杯

CRISTIANO RONALDO

　　土伦杯——也称国际希望队足球赛，是每年6月在土伦（法国南部城市）举行的国际青少年足球邀请赛，参赛球员要求在21岁以下，因此被誉为培养明日之星的"摇篮"。

　　2003年土伦杯，葡萄牙队派出U-20国家队，他们在小组赛的对手有南美豪强阿根廷队、欧洲劲旅英格兰队、亚洲新锐日本队以及实力不可小觑的土耳其队。

　　葡萄牙队曾在1992年和2001年两次登顶土伦杯，"黄金一代"中的路易斯·菲戈和鲁伊·科斯塔都曾闪耀于此，彼时年仅18岁的C罗也想在这项赛事上扬名立万。

　　C罗率领葡萄牙队首战便告捷，以3比0完胜英格兰队。小组赛战罢，葡萄牙队取得4战全胜（B组头名）的战绩，与A组头名意大利队相逢于决赛。

　　"钢铁之师"意大利队小组赛一球未失。面对由C罗与夸雷斯马这对"双子星"领衔的葡萄牙队，意大利将要把"链式防守"进行到底。

　　C罗在决赛赛场突破如风，就像一柄划过球场的快刀，将欧洲最强的意大利防线切割得七零八落。"蓝衣军团"不惜使出以红牌为代价的"砍罗战术"，最终导致只能以九人残阵迎战，而葡萄牙队的阿尔梅达也被红牌罚下。一场9人对决10人的惨烈交锋后，葡萄牙队以3比1击败意大利队，夺得土伦杯冠军。

　　那一夜，18岁的C罗不仅夺得个人的首个国际大赛桂冠，更惊艳了整个世界！

　　时间回到一年前的2002年8月13日，一场欧冠资格赛，"绿狮"葡萄牙体育对阵国际米兰，年仅17岁的C罗在第58分钟替补上场，完成自己一线队的首秀。虽然葡萄牙体育在主场与国米互交白卷，但"小小罗"迎来职业生涯的里程碑时刻。

　　双方的次回合比赛，葡萄牙体育在客场以0比2完败于国际米兰，无缘欧冠正赛。C罗的第一次欧冠之旅，就此戛然而止。

　　葡萄牙体育虽然在欧冠赛场失利，但在国内赛场上依然保持着统治地位。

　　2002年8月19日，葡萄牙超级杯比赛日，上赛季获得国内"双冠王"的葡萄牙体育迎战上赛季的杯赛亚军雷克斯欧斯。

　　那时的葡萄牙体育巨星云集，有保罗·本托、路易·若热，更有赢得过两次世青赛

冠军的球员若奥·平托，有乌戈·维亚纳（后来曾被评为"英超十大最差引援"之一）以及夸雷斯马（后来曾被评为"陨落的天才"）。

夸雷斯马，曾多次被人们拿来与C罗做比较，他们在速度、技巧、天赋、身体条件方面都颇为相似。当时在葡萄牙乃至整个欧洲，夸雷斯马的名气都超过了C罗。

那时夸雷斯马天赋异禀、才气逼人，已经掩盖了C罗的锋芒。

超级杯比赛的上半场，葡萄牙体育踢得不疾不徐，仅以1比0领先，双方都被红牌罚下一人，此后变成一场10人对10人的比赛。

下半场风云突变，葡萄牙体育连进4球。在比赛的最后，雷克斯欧斯打入了挽回颜面的一球。葡萄牙体育以5比1大胜雷克斯欧斯，夺得葡萄牙超级杯冠军，成为这一年的"三冠王"。C罗在这场比赛中并没有出场，所以这座葡萄牙超级杯能否算作C罗的荣誉，存有争议，在以后的日子里不断被提及。

虽然没有机会随葡萄牙体育征战，但C罗斗志不减，因为他知道，在接下来的比赛中，自己出场的机会即将到来。

里斯本腾飞

CRISTIANO RONALDO

2002 年 10 月 7 日，葡萄牙体育在主场对阵"升班马"摩雷伦斯。17 岁 8 个月零 2 天的 C 罗首发出场完成"处子秀"，并独中两元，成为葡萄牙体育队史最年轻的进球者。

此战第 34 分钟，C 罗在中圈附近接球后摆脱防守，奔袭至禁区边缘，又用一记"踩单车"晃过对方后卫，面对摩雷伦斯门将里卡多，将球射入球门。这是 C 罗在顶级联赛的第一粒进球，其精彩程度堪比马拉多纳在 1986 年世界杯上的那粒"世纪进球"。

兴奋的 C 罗在进球后振臂高呼，仿佛在宣示未来王者的到来。主教练博洛尼顶着压力，将年轻的 C 罗换上场，而这次冒险却为葡萄牙足坛发掘了无上的瑰宝。

此后不久，葡萄牙体育开出角球，埋伏在门前的 C 罗高高跃起，将球顶向球门死角，用头球完成了自己职业生涯的第二粒入球，葡萄牙体育以 3 比 0 击败摩雷伦斯。

第二天，关于 C 罗的报道占据了葡萄牙各大媒体的报端，记者们也开始挖掘这个马德拉少年背后的故事。他们还采访了 C 罗童年时期的教练以及他的父亲。

那一天，丰沙尔岛上的所有人都在谈论 C 罗的成功。C 罗的父亲何塞一直在说自己的这位爱子从儿时起就开始日没夜地踢球，这就是他的天性。他希望 C 罗能有一个光明的未来，不管是作为一个男人还是作为一个球员。

C 罗这位足球天才少年在欧洲足坛也引发了"地震"，《米兰体育报》在头版上开始将崭露头角的 C 罗称为"新罗纳尔多"。从那时起，因为大罗（罗纳尔多）、小罗（罗纳尔迪尼奥）的存在，人们开始用"小小罗"来称呼克里斯蒂亚诺·罗纳尔多。

面对"新罗纳尔多"的赞美，这位马德拉少年显得非常谦逊："我从来没有这样的奢望，罗纳尔多是这个世界上最好的足球巨星，也是我最喜爱的球员。"当时的"小小罗"确实没有想过，未来他会接过罗纳尔多留在皇马的衣钵，成为"银河战舰"的王牌。

葡超联赛第八轮，葡萄牙体育对阵上届亚军博阿维斯塔。双方战至比赛最后时刻，比分依然是 1 比 1 平。一场平局的比赛看来不可避免，但 C 罗不这么认为。

第 88 分钟，C 罗接到队友犀利的渗透妙传，单独面对门将，轻巧地挑射破门。

C 罗的第三粒进球虽然姗姗来迟，但确是价值千金的关键制胜球。C 罗这个名字，也从此闪耀在葡超联赛的上空。

　　C罗在自己的第一个葡超赛季，参加25场比赛，打进3球，并有5次助攻，对于一位17岁的少年来说已经足够优秀。此外，C罗在杯赛也有不俗的表现。

　　2002年11月24日，C罗代表葡萄牙体育首次参加葡萄牙杯比赛，对阵埃斯塔雷亚。

　　比赛第67分钟，C罗在左路如入无人之境。他在一次进攻中，先是摆脱了防守队员，再晃开扑上来的对方门将，用一记近乎零角度的射门打在远端立柱上，折射入网。C罗这粒进球又复制了另一个伟大的经典，1988年欧锦赛范巴斯滕的那记零角度破门。

　　全场掌声雷动，现场球迷为能看到这样一粒载入史册的精彩进球而起立鼓掌，更为年轻的C罗献上他们的祝福。

　　葡萄牙杯第五轮，葡萄牙体育以8比1狂胜奥利维拉，C罗在第13分钟奉献了一脚势大力沉爆射的破门。一颗新星冉冉升起，C罗的天赋"肉眼可见"。

　　然而葡萄牙体育人才众多，17岁的C罗在后面的比赛迟迟得不到充分的上场机会。虽然葡萄牙体育在那个赛季成功夺冠，但C罗却如史上那些一闪而过的天才，仿佛就此沉寂下来。2002年也是葡萄牙体育最后的美好时刻，自那之后的连续17年，葡萄牙体育再也没有品尝过葡萄牙顶级联赛冠军的滋味。

情定曼联

CRISTIANO RONALDO

2003 年 8 月 6 日，葡萄牙体育的阿尔瓦拉德球场正式落成启用，主队与来访的曼联进行了一场热身赛。身披 28 号战袍的 C 罗在那场比赛中表现非常抢眼，他在曼联的左右两个边路频频突破，制造了很大威胁。最终，葡萄牙体育以 3 比 1 击败曼联。

C 罗依靠出众的盘带能力、速度和平衡感，完成了多次摆脱。此外，C 罗的脚下动作非常快，能在短时间内完成眼花缭乱的带球动作。尽管是在边线的狭小空间，C 罗仍然能够通过连续拉球摆脱来创造突破空间。他的急停、转身和连续处理球都非常连贯，虽然有些花哨动作有炫技之嫌，但 C 罗高速带球奔袭在曼联的两翼，一次次肆虐着费迪南德和巴特这样的防守悍将。他所展现出的非凡的速度、冲击力、临时摆脱能力以及视野，都是世界第一流的，而他还是一位刚满 18 岁的少年。

比赛第 85 分钟，C 罗完成一次精妙过人之后，现场解说兴奋地说："我认为他会成为一位超级巨星，今晚他正在展现那些潜质。"

葡萄牙体育最终以 3 比 1 击败曼联，C 罗在这场友谊赛的惊艳表现给所有曼联球员都留下了深刻印象，他们力荐弗格森爵士签下这名天才球员。

费迪南德迫不及待地问弗格森："我们会签下这家伙吗？"

"老爵爷"信心满满地回答："听着，我正在为此努力。"

比赛结束后不久，葡萄牙体育俱乐部的总监便收到了一份来自"红魔"关于 C 罗的转会报价——1224 万英镑（约合 1800 万欧元）！

1224 万英镑在当时是什么概念呢？ 2001 年，彼时还在西汉姆联效力的"神灯"兰帕德转会切尔西时，只花费"蓝军"1100 万英镑。2004 年"世界足球先生"候选人德罗巴转会切尔西时，也仅仅花费 2400 万英镑。而这么一位近乎名不见经传且合同只剩下一年的葡萄牙小将，竟然能够让"红魔"花费这么多钱，而且还不拖延……

这样的豪赌，值得吗？当时每个人都在心里打着问号。

弗格森爵士十分欣赏 C 罗，而且他也十分清楚这位葡萄牙小将存在的优缺点。"老爵爷"想让 C 罗变成更好的那个 C 罗，而不是第二个德尼尔森。

事实上，除了"红魔"之外，当时至少还有七八支顶级联赛的球队计划"C罗履行完最后一年合同之后免费签下"。在他们踟蹰不前之时，曼联抓住了机会。

当时C罗葡萄牙体育的主教练桑托斯表示，虽然知道C罗会加盟曼联，但觉得他还会留队一年，没想到在那场比赛之后，"红魔"立刻签下C罗，一刻也没耽搁。

2003年8月，C罗接受了"红魔"的邀请，开启了"红魔"的旅程。

初到曼联时的C罗并没有多带行李，当时他一直觉得，"红魔"只是让他去体检、参观，再到"梦剧场"亮个相，然后再把他租借给母队一年。

当时C罗不会英语，"老爵爷"通过翻译说明了曼联迫切需要C罗的心情，并表示："没问题，明天你会在这里训练，然后可以回葡萄牙带上你的东西。"

英超联赛与葡超联赛相比，有着更多的曝光度、更多的机遇与更多的财富，但同时也意味着更多的风险、更多的压力与更多的挑战。无论如何，对于C罗来说，"梦剧场"是他走向巨星之路的必经之地。

第三章
英伦之旅

终 极 刺 客：C罗传

曼联新传"七"

CRISTIANO RONALDO

一般认为 C 罗与曼联的情缘始于 2003 年 8 月 6 日的那场友谊赛，但事实并非如此，早在那场比赛之前，弗格森就已经决定要将 C 罗带到老特拉福德。

2002 年，"老爵爷"从葡萄牙籍助教卡洛斯·奎罗斯口中知道了 C 罗，并派出助手（前曼联预备队主教练）吉姆·瑞安前去里斯本，近距离观察 C 罗的表现。

作为葡萄牙足坛的豪门，葡萄牙体育本并不希望 C 罗这位"未来之星"过早离队，在谈判陷入僵局时，奎罗斯从中穿针引线，促成曼联与葡萄牙体育达成共识。作为协议的一部分，曼联需要与葡萄牙体育进行一场友谊赛。

其实，另一家英超豪门阿森纳原本有机会抢先签下 C 罗。2003 年 1 月，C 罗和母亲一起前往阿森纳训练基地，得到主教练温格和当家球星亨利的欢迎。经过亲切的交谈后，C 罗已经做好加盟阿森纳的准备，温格也为他预留了 9 号球衣。然而，当时阿森纳正处于筹备建设新球场的最后阶段，在转会资金上严重吃紧，他们的报价没有打动葡萄牙体育，两家没能达成一致。直到十年后，温格回想起此事依然懊悔不已："我最遗憾的事——就是曾经那么接近签下克里斯蒂亚诺·罗纳尔多。"

在友谊赛前一天，弗格森和时任曼联 CEO 的彼得·肯扬与葡萄牙体育的高层进行了第一次谈判，当时"红魔"提出 800 万欧元的转会费加上 C 罗租借给葡萄牙体育一年的条件，这份相当有诚意的报价并没有打动葡萄牙体育。

2003 年 8 月 6 日，曼联做客葡萄牙体育的友谊赛如期而至。那场比赛给了弗格森近距离考察 C 罗的机会。C 罗表现得相当优异，将曼联右边卫约翰·奥谢耍得晕头转向，这更加坚定弗格森引进 C 罗的决心。曼联原本让 C 罗为葡萄牙体育再效力一年的计划，也变成——立刻将 C 罗带回曼联。

不只是弗格森，当时在场的所有曼联球员都希望能将 C 罗带到老特拉福德，甚至连因伤没有前往里斯本的加里·内维尔在看过电视转播后，也给主教练发送了希望引进 C 罗的短信。

葡萄牙体育也许是被"老爵爷"亲自出场的诚意所打动，双方很快就在转会费上达

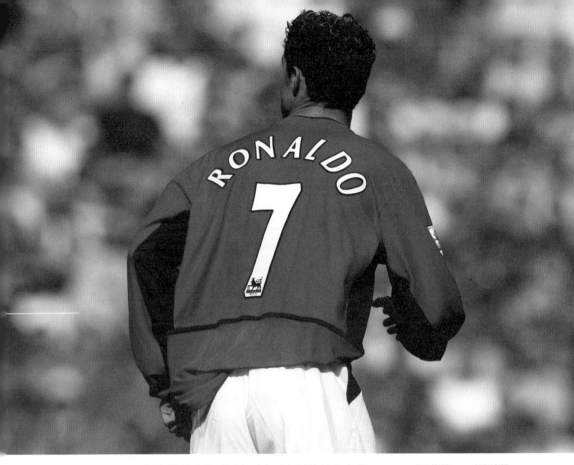

成一致。志在必得的曼联支付了远高于当时市场价的转会费——1224万英镑，C罗则得到了一份5年的合同，年薪200万欧元，并得到了一个立刻进入曼联一线队、新赛季将参加曼联至少一半正式比赛的承诺。弗格森希望通过此举向C罗和他的团队表明，他们会有针对性地帮助C罗成长，他的成长只会被合理控制，而不会被耽误。

另外，葡萄牙体育还添加了一个附加条款：如果未来曼联决定出售C罗，在同等出价的情况下，葡萄牙体育拥有优先购买权。当然，在后来C罗转会皇马的时候，葡萄牙体育没有能力匹配皇马8000万英镑的报价，但这都是后话了。

转会达成后，在前往老特拉福德球场亮相的途中，弗格森询问C罗想穿什么号码，C罗希望是延续葡萄牙体育时期的28号，弗格森拒绝了这个请求，因为曼联为他准备了象征传奇的7号球衣，这一决定让C罗受宠若惊。

7号是曼联的象征，从乔治·贝斯特到布莱恩·罗布森，从"国王"埃里克·坎通纳到大卫·贝克汉姆，如今7号战袍交给这位18岁的葡萄牙少年。2003年，"飞靴门"事件爆发，贝克汉姆转会皇马，他那件"红魔"7号球衣也终于迎来新的主人——C罗。

弗格森此举着实用心良苦，他希望这件曼联7号战袍，能激励C罗不断超越自己。

2003年8月12日，弗格森带着C罗在老特拉福德球场完成了亮相仪式，当日的媒体对此调侃道："曼联签下巨星罗纳尔多！只不过，这位的姓氏是克里斯蒂亚诺。"

初涉泥潭

CRISTIANO RONALDO

　　C罗在老特拉福德球场亮相仪式结束后仅仅四天，就在2003/2004赛季的英超首轮比赛中登场。这场迅速到来的首秀，令C罗本人都有些措手不及，因为当时他并未携带行李来彻斯特。当参加完亮相仪式后，C罗本以为他将回到里斯本去收拾行李，然而弗格森告诉他，他将随队参加英超首轮面对博尔顿的比赛。

　　2003年8月16日，曼联坐镇老特拉福德球场，前来挑战的则是博尔顿。曼联首发的前锋是挪威神锋索尔斯克亚，以及"小禁区之王"范尼斯特鲁伊，当时籍籍无名的C罗则坐在替补席上待命。

　　比赛进行到61分钟，曼联以1比0的微弱优势领先，弗格森让C罗替补出场。这位葡萄牙小子第一次带球就遭到博尔顿边后卫亨特的凶狠铲断，对手似乎在用这种凶狠的方式告诉他，欢迎来到英超的世界，不过你这个18岁的小子还是太嫩了。

　　C罗虽然年轻，但已具备极强的自信。他再次面对亨特的防守，用一个漂亮的脚底拉球转身将其晃开，被戏耍的亨特不得不用犯规来阻止。C罗的这一动作赢得老特拉福德球场的满堂彩。登场仅仅9分钟，C罗就利用速度优势突破亨特的防守，在禁区内被防守球员拉倒，为曼联制造了一个点球，可惜范尼主罚被扑出。仅仅4分钟后，C罗就又一次送出绝妙传中，间接制造了吉格斯的进球。

　　曼联在C罗登场的30分钟内连进3球，最终以4比0完胜博尔顿。C罗虽然没有直接进球，但他给对手制造了极大威胁，因此当选全场最佳球员。随着吉格斯逐渐失去速度优势，曼联球迷已许久未见像C罗这样激动人心的单兵表演。

　　赛后，博尔顿主教练阿勒代斯感叹道："他的水平高于场上所有人。"吉格斯则毫不吝啬赞美之词："像今天的精彩表演，C罗以后一定还会经常上演。他让观众和球员们都感到兴奋，很少有人能够做到这一点。"

　　此时，距离曼联与葡萄牙体育的友谊赛刚刚过去10天。而4天后，C罗又第一次身披葡萄牙国家队的战袍登场比赛。对于当时年仅18岁的C罗而言，一切都来得太快。

　　在曼联和博尔顿的比赛之后，人们对于C罗的期待达到了一个顶峰，然而随后的情

况证明，这样的期待来得有点太早了。

英超第 3 轮，曼联对阵伍尔弗汉普顿流浪者（狼队），C 罗首发登场，与他对位的是前曼联后卫丹尼斯·埃尔文。在比赛中只要 C 罗一拿球，埃尔文就会立刻贴身紧逼，几乎封死 C 罗传球与突破的空间。比赛进行到第 67 分钟，一无所获的 C 罗被替换下场。狼队球迷随即高唱："他不是真正的罗纳尔多，这世界只有一个罗纳尔多！"这无疑令 C 罗备受打击，而他肯定不会想到，他所面临的考验才刚刚开始。

第 5 轮曼联做客挑战查尔顿，打满全场的 C 罗依旧碌碌无为。查尔顿的后卫们不遗余力地用各种方式给少年制造障碍，甚至不惜频繁使用可能吃牌的粗暴铲抢。弗格森赛后抱怨称，C 罗在场上遭遇的是最粗暴的对待。

这种粗暴的对待几乎贯穿于那时 C 罗的每一次拿球，当时莱斯特城球员斯考克罗夫特曾透露，主教练特别嘱咐他，要让 C 罗尝一下英国足球的滋味，由此见微知著。

面对各种野蛮粗暴的防守，C 罗可谓陷入一个怪圈，他频繁地用各种花式动作尝试一对一突破，证明自己拥有可以突破一切凶狠防守的实力。发生身体接触时，C 罗倒地，裁判的哨声频频响起，而这些哨声中有不少判罚 C 罗假摔。

对此，弗格森曾直白地教训 C 罗："对阵利兹联时，我们并没有得到点球，因为你太容易摔倒了，已经上了黑名单，如今你的倒地已经不会让裁判吹罚对手犯规了。"

除了直接批评，弗格森还要求曼联老队员要不遗余力地给 C 罗制造麻烦。在 C 罗刚入队的前几个月中，以基恩、斯科尔斯、巴特和内维尔兄弟为首的老队员，几乎是轮

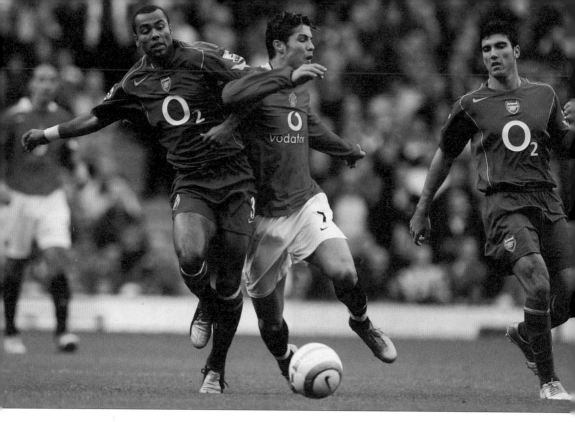

番在训练时用蓄意的滑铲和各种小动作来给 C 罗制造麻烦。他们希望通过这样的极端方式来告诉 C 罗，如何选择正确的一对一时机，并纠正他傲慢自大的态度。

C 罗一次次被打磨，开始磨炼自己的技术，如果一次过不了对手，那就练习两次、三次，直到对手再也抢不到他脚下的球为止。

同时，在比赛中，弗格森也会更多地安排 C 罗站在右边路，希望身后的加里·内维尔能及时给他提点。虽然 C 罗依然会在比赛中陷入急躁陷阱，但已经开始慢慢蜕变。

弗格森每时每刻都在关心 C 罗的成长。"老爵爷"每次和这位葡萄牙少年谈话时，几乎都会将手搭在他的肩上，更像是父子间的交谈。据曼联的工作人员回忆，弗格森从未如此溺爱过任何一名曼联球员，包括引以为傲的"92班"。

也正因如此，C 罗还能不断成长，他始终对弗格森心怀感激："弗格森爵士有着截然不同的两面，我能够成为今天的我，这两面都让我受益良多。我每天都在向他学习，而且我知道，不论我进步有多大，他总是能教我新的东西。他给我的每一条建议都让我变得更好了。从我到曼彻斯特的第一天起，他就像是我的第二个父亲一样。我尊敬他，对他的感情就像是儿子对待父亲的感情一样。"

经过各方的艰苦努力，C 罗终于逐渐地适应了英国足球截然不同的风格。曾经稚气未脱的少年，渐渐蜕变成为一位顶天立地的男子汉。

渐入佳境

CRISTIANO RONALDO

2003 年 11 月 1 日，英超第 11 轮曼联主场迎战朴次茅斯。比赛第 75 分钟，C 罗替换迭戈·弗兰上场，4 分钟之后，曼联在前场左路获得一个任意球。

C 罗摆出圆规形的站姿，这也是他日后的招牌动作。随后，他起脚，由于门前一片混乱，双方球员谁也没能碰到皮球，却干扰了朴次茅斯门将的视线。皮球带着弧线径直地飞进球门的后角。2 比 0，曼联凭借 C 罗这记任意球破门让球队再下一城。

C 罗在曼联的第一个进球以这样一种稍显意外的方式姗姗来迟，此时距离他的曼联首秀已经过去将近三个月。进球后仅仅两分钟后，C 罗又助攻基恩将比分扩大为 3 比 0。替补上场不到 10 分钟，C 罗就完成一传一射，表现异常完美。

2003 年 12 月 26 日，英超的"节礼日大战"，曼联在老特拉福德球场迎战埃弗顿。C 罗第一次与韦恩·鲁尼相遇，那时他们还不知道之后彼此亦敌亦友的故事。在那场比赛中鲁尼送给 C 罗一记滑铲，C 罗则送出一次助攻，帮助曼联以 3 比 2 击败埃弗顿。

那战结束后，弗格森给 C 罗放了冬歇假，因为他知道要让这位少年立刻适应魔鬼赛程有些困难。假期待遇是其他球员享受不到的，足见"老爵爷"对 C 罗的偏爱。

这样的决定让其他曼联队员很不爽，不过 C 罗用实际行动告诉大家，主教练的偏袒是有道理的。据菲尔·内维尔后来回忆："当 C 罗回来后，我们明显感觉到这家伙变得更强壮、更自信了。他并没有真的在放假，相反他或许练得比我们还狠。从那时起我们明白了，这家伙总会强大到令所有人震惊，也就再没有人嫉妒主教练对他的偏爱。"

回归后的 C 罗立刻在两场联赛和一场足总杯的比赛中打满全场，唯一的例外就是 2004 年 3 月 9 日欧冠 16 强淘汰赛次回合，C 罗坐在替补席上目睹了曼联主场被波尔图神奇扳平。

"魔力鸟"穆里尼奥率领波尔图以两回合 3 比 2 淘汰曼联。当时 C 罗也许想不到，那个在"梦剧场"一路狂奔的男人，会在将来的某一天成为他的另一位导师。

曼联在欧冠被波尔图淘汰，在英超联赛中又被阿森纳拉大差距，"红魔"只能将赛季剩余的全部希望押在足总杯了。那个赛季的足总杯成了 C 罗的主战场，除了第三轮和

阿斯顿维拉的比赛他正在放假外，其余比赛他都首发出战。在和曼城以及富勒姆的比赛中都有关键进球入账。因此，C罗被弗格森排进了足总杯决赛的首发阵容。

曼联足总杯决赛的对手是弱旅米尔沃尔，两队实力差距明显。上半场临近结束时，C罗接到加里·内维尔的传中，用一记强有力的头球破门为曼联首开纪录。这位葡萄牙少年的超强弹跳和滞空能力第一次展示在世人面前。最终曼联以3比0完胜米尔沃尔，捧起足总杯冠军奖杯，C罗也在英格兰首次品尝到冠军的滋味。

C罗在曼联的（2003/2004）处子赛季，共出场40次，首发24次，打进6粒进球和8次助攻，拿到一座冠军奖杯，弗格森也兑现了让C罗参加至少一半比赛的承诺。

2004年夏天，"狂人"穆里尼奥转投"蓝军"切尔西，让英格兰足坛变了天。处在转型期的曼联也不甘落后，引了"英格兰硬汉"阿兰·史密斯与"阿根廷铁闸"加布里埃尔·海因策，当然，还有另一名与C罗同样名动寰宇的天才少年——韦恩·鲁尼。弗格森对C罗华而不实的踢法进行了纠正，C罗也欣然接受，并迅速做出调整。

在经历了一届伤心的欧洲杯后，C罗带着更强的实力与决心回到"梦剧场"。弗格

森告诉他，下个赛季他将成为曼联的绝对主力，但彼时的英超进入切尔西统治的时代。而在欧冠赛场上，曼联同样没能更进一步。于是就跟处子赛季一样，曼联最后的夺冠希望又放在了足总杯上。

在 2004/2005 赛季足总杯的征程中，C 罗再次成了曼联的"关键先生"，他打进 4 粒进球，在 1/8 决赛、1/4 决赛和半决赛三场关键比赛中，都有进球入账。曼联连续第二个赛季闯进足总杯决赛，这一次他们的对手是上赛季创造联赛不败战绩夺冠的阿森纳。

"红魔"面对"枪手"有一定心里优势，因为在刚刚结束的英超赛季中，曼联主客场双杀阿森纳，第一胜是英超第 10 轮首回合交锋曼联终结了"枪手"英超 49 场不败纪录；第二胜是英超第 25 轮 C 罗"梅开二度"，帮助曼联以 4 比 2 逆转取胜。

2005 年 5 月 21 日足总杯决赛，C 罗和鲁尼一左一右将阿森纳的防线冲得七零八落，却无法进球。阿森纳门神莱曼如有神助，高接低挡，确保球门不失。此外曼联运气不佳，鲁尼和范尼各射中一次横梁。双方经过 120 分钟鏖战不分胜败，随后点球大战，阿森纳五罚全中，而曼联斯科尔斯的点球被扑出。"红魔"最后错失冠军，那个赛季"四大皆空"。

2004/2005 赛季，C 罗首发 40 次，打入 9 粒进球。他正在吸收着各种养分飞速成长，与鲁尼的配合也越发成熟。赛季结束，C 罗被评为"年度特别新人"，那个爱抱怨、易摔倒的年轻人已悄然改变，一个超级新星悄然升起。

然而，前程似锦的 C 罗却遭遇家庭变故。2005 年 9 月 7 日，C 罗的父亲何塞·迪尼斯因长期酗酒导致肝部严重病变，不幸去世，享年 52 岁。而彼时的 C 罗正在准备一天后葡萄牙与俄罗斯的世界杯预选赛，时任葡萄牙主教练的斯科拉里给 C 罗放了假，弗格森也批准他晚点归队，但 C 罗都拒绝了，他只希望用一场胜利来告慰父亲的在天之灵。

那时候，C 罗只有 20 岁。人们对他的印象还停留在一年前欧洲杯决赛上的眼泪。但这一次，没有人看到 C 罗哭过，他将父亲逝世的悲痛深埋在心里，像英雄一样去战斗！

经历了人生的悲痛，C 罗终于迎来蜕变。2005/2006 赛季，C 罗参加 33 场英超联赛，打进 9 粒进球，还有 7 次助攻。2006 年 2 月 26 日，在那场与维冈竞技的联赛杯决赛中，C 罗打入一粒进球，帮助曼联取得胜利，这座联赛杯冠军是对无比努力的 C 罗的一种奖励。

三年两座奖杯，这样的荣誉对于 C 罗与曼联而言远远不够。重塑"红魔"百年豪门的辉煌与风骨，成为这支球队的迫切愿望。

决裂边缘

CRISTIANO RONALDO

　　在 C 罗崛起之前，曼联的头牌还是荷兰中锋范尼斯特鲁伊，这位"小禁区之王"为曼联效力 5 年，打进 150 粒进球，成为那个时代进球机器的代名词。然而 C 罗加盟后，范尼的进球数字逐步下降，这当然与伤病有关系，但更重要的是他的技术特点。

　　范尼是典型的抢点型射手，临门一脚无人能比，但不擅长带球过人射门，非常依赖队友传球。在 C 罗到来之前，贝克汉姆传中、范尼抢点的连线几乎是曼联进攻端的一个无解的套路，但当贝克汉姆变成 C 罗，范尼发现他所获得的抢点机会大幅减少。相比于贝克汉姆无私球风和精准传中，C 罗充满表演欲望的球风却让范尼极为不适应。

　　根据费迪南德的回忆，范尼曾不止一次地抱怨："我没法和这家伙一起踢球，因为他根本就不打算传中。"更糟糕的是，范尼的不满情绪愈发强烈。

　　2005/2006 赛季英超联赛最后一轮比赛前。范尼在冲突后责备 C 罗："你想怎样？找你老爸告状？"范尼所指的"老爸"是当时曼联助教奎罗斯（将 C 罗推荐给弗格森）。因为同为葡萄牙人的关系，奎罗斯给予了 C 罗更多的照顾。而范尼似乎忘了，C 罗的亲生父亲刚刚离世。这句气话彻底激怒了 C 罗，费迪南德也站出来为 C 罗出头。

　　那次冲突结束之后，"众叛亲离"的范尼再也没有为曼联出过场，在 2006 年 7 月以 1500 万欧元的身价转会去了西甲豪门皇家马德里，与贝克汉姆再续队友前缘。

　　作为现代足球的发源地，英格兰球迷一直对自己的球队有着迷之自信。每次世界大赛表现不佳，他们总会找一个"替罪羊"，将所有愤懑都发泄在这个人身上：1998 年，"万人迷"贝克汉姆就因为一张红牌成为千古罪人；2002 年，被小罗戏耍的大卫·希曼从此告别了国家队；2006 年德国世界杯，这一次的"替罪羊"轮到 C 罗了。

　　2006 年 7 月 1 日，在刚刚经历一轮"红黄牌大战"后，缺兵少将的葡萄牙队跟跟跄跄闯进世界杯八强。等待他们的，正是心高气傲的英格兰队。坐镇敌方前场的则是"小小罗"的挚友，"三狮军团"的希望之星鲁尼。整场比赛乏善可陈，双方都没有破门良机。

　　比赛进行到下半场第 62 分钟，卡瓦略与鲁尼拼抢时倒地，鲁尼一脚踩到卡瓦略的腹股沟，主裁判埃利松多果断响哨，鲁尼则向裁判解释这是无心之失。

就在此时，C 罗跑到主裁判埃利松多面前，不停要求给鲁尼出示红牌。气愤的鲁尼推了一把 C 罗，他无法理解这位曼联队友为何这样做。但那时 C 罗的身份不是一名曼联球员，而是一名葡萄牙球员，他要竭尽所能帮助自己的国家队在世界杯上走得更远。

在鲁尼推搡 C 罗之后，主裁判最终出示了一张红牌。当鲁尼被罚下场时，C 罗向葡萄牙队的替补席眨了一下眼，似乎表示自己的施压起到作用，然而这一幕，被镜头敏锐地捕捉到了，也彻底激怒了英格兰球迷。

少一人作战的英格兰队虽然将比赛拖入点球大战，但最终还是被葡萄牙队以 3 比 1 淘汰。

虽然赛后主裁判表示在鲁尼对卡瓦略犯规的一瞬间便决定出示红牌，与 C 罗无关，但群情激昂的英格兰球迷依然将责任归咎于 C 罗头上。比赛结束第二天，《太阳报》称鲁尼赛后表态想把"C 罗撕成两半"，这似乎也预示着 C 罗曼联生涯的终结。

英超新赛季开始，在英格兰印有"我讨厌罗纳尔多"的 T 恤已经卖到脱销，各式各样的恐吓信更是接踵而至。C 罗不得不认真思考，是否还要与当事人鲁尼共事下去。

解铃还须系铃人，鲁尼积极与 C 罗互发短信，同时他还向弗格森建议，可以安排一次他与 C 罗的共同采访，曼联"双子星"不再合作的谣言也就不攻自破。

为了挽回 C 罗，曼联还雇用了一架私人飞机。弗格森和时任曼联 CEO 的大卫·吉尔再一次"御驾亲征"飞到了葡萄牙，与 C 罗进行了一次至关重要的谈话。

"你是最勇敢的人，但就这么离开可不是什么勇敢的表现。"弗格森如此对 C 罗说。随后弗格森列举了 1998 年世界杯后贝克汉姆的事情来激励 C 罗。会谈结束几天后，C 罗终于公开表态："我没有理由离开这样一家始终支持我的俱乐部。"

第四章
红魔锋锐

终 极 刺 客：C罗传

登顶英超

2006 年世界杯鲁尼红牌事件，让 C 罗一度成为"全英公敌"。2006/2007 赛季英超揭幕战，曼联主场对阵富勒姆。由于世界杯的余波未了，此战也成为大众的焦点，好事的媒体在场边摆好"长枪短炮"，对准鲁尼和 C 罗，随时准备煽风点火。

出乎意料的是 C 罗和鲁尼看起来并无嫌隙，二人配合相当默契。鲁尼不仅梅开二度，还助攻 C 罗进球，曼联以 5 比 1 击溃富勒姆。赛后各大媒体头条都是曼联"双子星"相拥庆祝的画面，二人不和传言也随之瓦解。

鲁尼与 C 罗虽然冰释前嫌，但一些固执的英格兰球迷仍将 C 罗视为导致"三狮军团"世界杯出局的罪魁祸首，C 罗在客场比赛时也面临着铺天盖地的嘘声。对此弗爵爷告诉 C 罗："你应该找到正确的回应方式，用你的才华让他们闭嘴。"

如同当初的贝克汉姆一样，C 罗在被极度诋毁的狂潮之中，开始脱胎换骨，迎来蜕变。赛季进入中段，那些嘘声不仅没有让 C 罗按照惯性陷入愤懑陷阱，反而让 C 罗变得越发强大，更加实际。那些曾经花里胡哨但却收效甚微的动作渐渐消失，取而代之的是鬼魅莫测的跑位、精妙无比的传球和力道十足的射门，还有那出神入化的"电梯球"绝技。弗格森的耐心终于在那个秋天得到了回报，C 罗迎来了真正的蜕变。

随着时间流逝，那些挑衅 C 罗的嘘声逐渐减弱。赛季渐入尾声，曼联能否从切尔西手中夺回英超联赛冠军奖杯，成了大家关注的新焦点。随着曼联"双子星"在场上配合得越发默契，弗格森精心打造的第三代"红魔"终于进入了丰收的岁月。一个更加强大的 C 罗，毫无疑问是曼联重回巅峰的重要王牌。

2007 年 2 月 24 日，曼联客场面对富勒姆，比赛最后一刻依然是 1 比 1。如果以平局收场，曼联的领头羊位置随时可能被切尔西超越。就在第 88 分钟时，C 罗打进了一粒绝杀进球。用加里·内维尔的话来说，"那是一粒将曼联送上冠军领奖台的进球。"

C 罗刚到英超时，对手用强硬对抗和凶狠铲断来阻挡，但如今已是枉然，因为任何防守都很难在力量和侵略性上压过 C 罗。

C 罗不仅率领曼联在英超赛场上一路领跑，在欧冠战线上也表现卓然。

    2007 年 4 月 10 日，欧冠 1/4 决赛中，曼联以 7 比 1 血洗罗马，C 罗梅开二度并送出 1 次助攻，成为整场比赛最闪耀的一颗星。彼时曼联在英超领跑，在足总杯也打进决赛，欧冠也进入半决赛。看起来，曼联极有可能复制 1999 年 "三冠王" 的辉煌，

    4 月 24 日，欧冠半决赛首回合之战在 "梦剧场" 打响，曼联面对 AC 米兰。开赛仅 5 分钟，C 罗的头球破门帮助主队取得领先，但卡卡梅开二度帮助 AC 米兰反超比分。虽然之后鲁尼的两粒进球让曼联最终取得 3 比 2 的胜利，但手握两个客场进球的 "红黑军团" 无疑占据了更大的主动。

    5 月 2 日，欧冠半决赛次回合比赛移师圣西罗球场，卡卡、西多夫和吉拉迪诺接连打入三粒进球，曼联在客场以一场 0 比 3 的大比分溃败，失去了进军欧冠决赛的资格。曾经意气风发的 C 罗，在卡卡的光芒掩盖下稍显黯淡。这位葡萄牙天才曾无比接近最佳，但始终不是最佳。失败很苦涩，却激励着 "小小罗" 尽快成长。

    曼联欧冠止步半决赛，又在足总杯决赛加时苦战中以 0 比 1 输给切尔西，"三冠王" 的梦想也随之破碎。但令人欣慰的是，曼联最终以领先切尔西 6 分的成绩登顶，从 "蓝军" 手中抢回了久违的英超联赛冠军。

2006/2007 赛季，C 罗在英超赛场中贡献 17 粒进球和 16 次助攻，成为曼联重夺联赛冠军的最大功臣。纵观这一赛季，C 罗首次展现了恐怖的进球能力和全面的进攻手段，他在所有战线上代表曼联出战 53 场，打进 23 球，送出 22 次助攻。其中在英超第 19 轮到第 21 轮，连续三场梅开二度，又在第 30 轮，与博尔顿比赛中送出 3 次助攻。

来到曼联四个赛季后，C 罗终于取得象征着联赛至高荣耀的英超冠军奖杯，也终于从一个爱抱怨、易摔倒的青涩少年，蜕变成能利用自己的超强天赋，带领球队获胜的超级巨星。而此时他只有 22 岁，依然属于职业球员成长的年龄段。

人们对 C 罗从抱怨变为赞美，他也被英超职业球员协会评为"年度最佳球员"和"年度最佳年轻球员"，被足球作家协会评为"年度最佳球员"。赞誉与荣耀纷至沓来的同时，曼联也送上一份 5 年的新合同，让 C 罗成为当时曼联历史上待遇最高的球员。

同时，弗格森努力让 C 罗的技术和心智不断成熟，并开始注重对他领导能力的培养。2007 年夏天，曼联签下 C 罗的老乡纳尼和巴西"金童"安德森，他们都代表着曼联的未来，而 C 罗毫无疑问是曼联未来的第一核心。

重夺英超冠军标志着弗格森苦心打造的第三代"红魔"已经开花结果，C 罗和鲁尼成了曼联未来持续辉煌的最强保证。而那个赛季无比接近"三冠王"的成绩也预示着更伟大的时刻即将到来，而 C 罗则当仁不让地成为这一好戏的最佳主角。

双冠交辉

2007/2008 赛季，C 罗英超前三轮都没有取得进球。2007 年 9 月 19 日，欧冠小组赛第一轮，曼联来到里斯本挑战葡萄牙体育，如果能取胜，将是曼联在欧冠赛场的第一百场胜利，更重要的是，这是 C 罗的回家之战。

整个上半场，双方都没有制造出绝对意义上的进球机会。为了胜利，曼联迫切地需要 C 罗站出来，而为了尊严，葡萄牙体育或许最不希望 C 罗站出来。

下半场，曼联明显地加强逼抢，比赛进行至第 62 分钟，韦斯·布朗斜传中路，此时已经高速插到门前的 C 罗在离球门 6 米处俯身冲顶破门，曼联以 1 比 0 的比分领先。

进球对于葡萄牙体育球迷无疑是残酷的，但随即他们便体会到了温情的一幕。

进球后的 C 罗没有庆祝，而是双手合十，向主队球迷表达歉意。他还是曾经那位葡萄牙体育队的少年，没有一丝改变，即使已经成为世界上最顶尖的足球巨星，依然不忘葡萄牙体育是培养过他的球队。攻破母队的球门并非他的本意，但是身为职业球员，这是他的责任。C 罗懂得感恩，进球并不庆祝，而是致歉，对母队温柔以待。

依靠 C 罗的一锤定音，曼联取得欧冠百场胜利，也给新赛季欧冠之路开了一个好头。此时的曼联依然陷入"进球荒"，前 7 场只打进 6 球，英超前三轮未尝胜绩。

球队深陷泥沼，弗格森决定赌一把，让 C 罗成为一名前场自由人，甚至在很多比赛中将他放在中锋的位置上。这对于 C 罗是挑战，对弗格森同样也是。

豪赌颇见成效，2007 年 9 月 29 日英超第 8 轮，C 罗在新位置上旗开得胜，帮助曼联以 1 比 0 击败伯明翰。此后曼联便彻底摆脱了进球乏力的局面，连续三轮英超都打进 4 球，并在英超赛场上取得了一波八连胜。

欧冠赛场，罗马、葡萄牙体育、基辅迪纳摩并不能给曼联制造威胁，取得四连胜后的"红魔"已提前获得出线权。11 月 27 日欧冠小组赛第五轮，曼联坐镇老特拉福德迎战葡萄牙体育。本轮"红魔"若能取胜，则锁定小组第一。而葡萄牙体育只有取胜才能保有出线希望。

然而 C 罗一传一射，尤其是第 92 分钟，C 罗主罚任意球，踢出一记无解的"电梯球"

破门，绝杀昔日的母队，曼联以 2 比 1 的比分送葡萄牙体育回家。

虽然在主场最后一分钟上演绝杀，但 C 罗只是稍微庆祝一下，保持足够的克制，因为对手是自己的母队——葡萄牙体育。

2007/2008 赛季，英超冠军的争夺可谓空前激烈，榜首位置数度易手，最终排名前三的曼联、切尔西和阿森纳相互之间的积分差只有 2 分。

在曼联这个赛季争夺榜首的"通顶之路"上，C 罗无疑就是那根"擎天之柱"。

第 20 轮，曼联意外地客场负于西汉姆联，大厦将倾之时，C 罗站出来力挽狂澜，他助攻队友帮助曼联绝杀伯明翰，又在第 22 轮上演自己职业生涯的首个"帽子戏法"，率领曼联 6 比 0 血洗纽卡斯尔联，夺回了阔别已久的榜首之位。随后，C 罗在面对雷丁和朴次茅斯的两场比赛中分别踢进 3 球。

2007/2008 赛季进程过半，诸强积分形势犬牙交错。又是面对纽卡斯尔联，C 罗两射一传，曼联再次痛击"喜鹊"。随后他又在第 29 轮面对德比郡的比赛中打进制胜球，再次帮助曼联重回榜首。此后，曼联再没有失去过榜首的位置，一路领跑到终点。

联赛第 30 轮，曼联主场迎战博尔顿，当费迪南德被替换下场时，他将队长袖标戴在 C 罗的手臂上，这表明 C 罗已经正式成为曼联领袖之一。在那场比赛中，戴上队长袖标的 C 罗如有神助，打进两个进球，曼联顺利收获 3 分。

联赛最后一轮开打前，曼联与切尔西积分相同，只凭借净胜球的微弱优势排在榜首。最后一场对阵维冈竞技。鲁尼在第 33 分钟制造一个点球，C 罗勇敢地站了出来，即便是他刚刚在欧冠半决赛罚丢一粒点球。C 罗并未失去信心，他一蹴而就，曼联以 2 比 0 击败维冈竞技，夺得 2007/2008 赛季英超联赛冠军。

加里·内维尔后来在自传中写道："我觉得这块冠军奖牌是 C 罗给的。"

2007/2008 赛季，相比英超赛场上的一波三折，曼联在欧冠赛场可谓顺风顺水。欧冠 1/8 决赛面对里昂，曼联首回合在客场 1 比 1 战平对手，而回到老特拉福德球场，又是 C 罗的进球让曼联淘汰对手。

欧冠 1/4 决赛，曼联碰上老对手罗马。上赛季"红魔"曾在主场以 7 比 1 血洗对手。这一季首回合比赛在罗马奥林匹克球场进行，比赛进行到第 39 分钟，斯科尔斯在右侧传中，C 罗飞身冲入禁区，用一记力道十足的头球攻破对手的大门。

那是 C 罗摆脱地心引力般的弹跳力首次惊诧世人，用加里·内维尔的话说："那一

刻的 C 罗就像迈克尔·乔丹。"这粒进球被 C 罗视为自己生涯的最佳进球之一。

　　随后鲁尼又在罗马门前抢点补射得分，凭借"双子星"的神勇发挥，曼联在客场以 2 比 0 击败罗马，回到主场又以 1 球小胜对手，"红魔"以总分 3 比 0 淘汰"红狼"，顺利晋级半决赛，等待他们的是日薄西山的"梦二队"巴萨。

　　面对巴萨，C 罗回到了中锋的位置上，因为弗格森认为体能充沛、勤勤恳恳的朴智星更能在边路遏制住巴萨的边卫和边锋，而 C 罗则需要用速度去冲击巴萨中后卫米利托。不过那场比赛 C 罗遭到限制，全场并没有什么亮眼的发挥，还罚丢了一个点球。幸好，

"生姜头"斯科尔斯在次回合的一脚惊天世界波还是帮助曼联挺进欧冠决赛。

　　2008 年 5 月 21 日，莫斯科卢日尼基体育场，上演了欧冠决赛的巅峰对决，曼联的对手是英超"死敌"切尔西。

　　彼时"蓝军"主帅穆里尼奥决定改换门庭，阿夫兰·格兰特临时担任救火教练，他十分忌惮 C 罗的威力，安排"加纳铁卫"埃辛专门盯防 C 罗。

　　即便如此，C 罗依旧正常发威。上半场比

赛第 26 分钟，布朗传中，插入禁区的 C 罗再现惊人的弹跳能力，将球顶入球门，而负责盯防他的埃辛甚至都没有来得及起跳。

如果比赛就这样结束，那这场决赛对于 C 罗来说就是封神之战，但兰帕德的进球将比分扳平。两队鏖战 120 分钟，依旧 1 比 1，进入点球大战。

C 罗第三个出场，这位 23 岁的年轻人似乎背负着千钧重担，他的助跑有些犹豫，随后踢出一个门将最喜欢的半高球，被切尔西门将切赫扑出。

常规时间还是英雄的 C 罗似乎要在瞬间变成罪人？非也！王道者天助之！在那个赛季没有谁能阻挡曼联与 C 罗登上欧洲之巅的脚步。

命运就是这么神奇，最后出场的切尔西队长约翰·特里只要将点球罚进，切尔西就会成为欧冠冠军。然而，莫斯科此时下起倾盆大雨，在暴雨中，特里踢点球时支撑脚意外打滑，射出的皮球击中立柱被弹出。

在点球加罚赛中，"红魔"门神范德萨顶住压力，扑出了阿内尔卡的点球。点球大战终于分出胜负，曼联以 7 比 6 艰难击败切尔西，捧得"大耳朵"杯。

在滂沱大雨中，站在欧洲之巅的 C 罗又一次哭了。在转播镜头前，我们已然分不清哪些是泪水，哪些是雨水，这泪水有几分是幸福，几分是感动……

2007/2008 赛季，曼联终于夺得英超与欧冠两个分量最重的冠军，成为横扫欧罗巴足坛的"双冠王"，而 C 罗无疑就是"双冠王"顶上最璀璨的王冠。

金球修炼秘籍

CRISTIANO RONALDO

2007/2008 赛季 C 罗代表曼联出战 49 场，打进 42 球，超越乔治·贝斯特保持的曼联单赛季进球纪录。同时，他几乎囊括了所有个人荣誉：英格兰足球先生、英超金靴奖、欧洲金靴奖、欧冠联赛最佳射手、欧足联俱乐部最佳前锋以及欧足联俱乐部最佳球员。

年关将至，在国际足联和法国《队报》的年终庆典上，凭借 2007/2008 赛季"双冠王"的荣耀和令人咋舌的进球数字，C 罗又捧起金球奖和"世界足球先生"的奖杯，成为名正言顺的足坛世界第一人，这也标志着 C 罗成为这个星球上最好的足球运动员。

"小小罗"的称呼已不复存在，随着罗纳尔多日渐迟暮，世界只剩一个罗纳尔多，名字是——克里斯蒂亚诺。从最初华而不实的"单车少年"，到全面制霸的第一球星，这其中除了 C 罗本身天赋异禀外，更重要的是那刻苦到极致的"魔鬼训练"。

刚加盟曼联时的 C 罗还十分瘦弱，但到了君临天下的这个赛季，他已经拥有了一副完美的魔鬼身材。这其中的最大功臣，就是时任曼联力量训练师的迈克·克莱格。

"我想成为世界上最好的球员，您一定要帮我。"这是初到曼联不久的 C 罗对克莱格说的话。随后，在克莱格的帮助下，C 罗开始进行了无趣且机械的力量训练。

每天早上 9 点，C 罗就到达曼联俱乐部，在克莱格指导下进行半个小时的力量训练，等全队都到齐后，再合练。队友休息时，C 罗也很少休息，继续练习射门和盘带，或者继续做力量训练。当全天的训练结束后，C 罗还会进行力量训练，就这样日复一日。

根据菲尔·内维尔回忆，一次训练前常规跑圈热身，体能教练安排 C 罗领跑，并不断提醒 C 罗放慢速度。而当跑圈结束后，大家才惊讶地发现 C 罗的腿上一直绑着沙袋。他用这种方式来增强腿部力量和耐力，以便在比赛中跑得更快、更持久。

C 罗为了保证营养摄取能跟得上能量消耗，还专门聘请了营养师和厨师。人们发现，当 C 罗加盟曼联后，便超过吉格斯，成为队中训练最刻苦的那一位球员。

除了力量训练之外，C 罗也在不断地强化着自己的有球能力，经常一个人在卡灵顿训练基地后面的一座小山丘上，独自磨炼球技。

那时的 C 罗喜欢一个人练球，他不希望有观众在场，那样会对他产生干扰。而在那

之后不久，他就会把新练习的技术动作带到训练场上，随后便是正式比赛中。

关于 C 罗日复一日魔鬼训练的故事，这里仅仅是九牛一毛。C 罗自己曾说，如果有一天他对训练失去了兴趣，那就是该退役的时候了。

人们总是惊诧于 C 罗的头球能力，赞叹他惊人的弹跳力，除了超强天赋之外，这要得益于 C 罗日常刻苦的训练。在日常训练中他总是绑着沙袋练习爆发力，他认为如果在负重的情况下他能做到，那么在比赛中就会更加容易做到。

在纪录片《C 罗：挑战极限》中，研究人员仔细测量了他起跳的高度，发现竟然达到了 78 厘米，这比 NBA 篮球运动员的平均值还要高。另外，更加不可思议的是，即使在黑暗之中，C 罗也能精准地预判皮球飞行的线路。在测试中，当传中人起脚的一瞬间，灯光就将全部熄灭，而 C 罗在一片黑暗中不仅每次都能顶到皮球，而且还能准确无误地头球攻门，这是他在千奇百怪的特训中所收到的成效——仅仅依靠传球人起脚一瞬间的肢体动作，他就能够准确地判断出皮球的线路。因此，他才能在 2007/2008 赛季交出66% 的争顶成功率。要知道，在前一个赛季中，他的这项数据还仅仅是 40%。

凭借超凡天赋与刻苦磨炼，C 罗终于站在世界足坛的最顶端。

此时，曼联明白，也许很难再留住这名世界上最好的球员。

曼联的最后一季

回到 2007/2008 赛季欧冠决赛的前夕，当时西班牙记者询问 C 罗未来前往西甲的可能性时，他回答："在西班牙踢球是我的梦想，但在曼联踢球我也非常开心，说到未来，没人知道接下来会发生什么。"

在那时关于皇马希望引进 C 罗的传言已甚嚣尘上。当时皇马即将进行新主席选举，时任主席拉蒙·卡尔德隆将签下 C 罗作为自己连任的最大筹码。而曼联方面也坚定了拒绝立刻出售 C 罗的决心，哪怕他们心里明白顶多只能再留 C 罗一年。

2008 年欧洲杯期间，曼联向国际足联状告皇马私下接触 C 罗的违规行为。而在欧洲杯结束后，弗格森与 C 罗和他的经纪人门德斯达成君子协定：如果 C 罗在接下来的一年表现得足够职业，且有俱乐部愿意掏出破世界纪录的转会费，那么 C 罗可以离开，但在 2008 年夏天，曼联是不会放走 C 罗的。

C 罗不愿离队的消息一经传出，让皇马主席卡尔德隆灰头土脸，在随后的一个赛季，皇马出现了断崖式下滑，卡尔德隆只能落得下台的结局。而 C 罗也明显受到伤病和转会风波的影响，状态上出现了一定程度的低迷。

从 2008 年 3 月起，C 罗的就长期右脚带伤作战，在欧洲杯上只能以 70% 的状态出战，在欧洲杯结束后，C 罗接受手术，因此错过了英超新赛季开局的前几场比赛。

曼联依旧开局慢热，前四轮英超和欧冠第一场小组赛战罢，仅取得一场胜利，他们迫切地需要 C 罗的回归。C 罗复出后的第一场首发，就用一传一射帮助曼联以 2 比 0 击败博尔顿，稳定了局面，之后，C 罗率领曼联打出一波 5 胜 1 平的骄人战绩。

曼联重回争冠区，但 C 罗表现不尽如人意。"双冠王"巅峰赛季时的无球跑动慢慢消失，但此时的他已经是世界上最好的球员，能够用一己之力终结比赛。

2008/2009 赛季，C 罗在英超联赛中只打进 18 球，相比之前一个赛季下滑明显，但他决定比赛的能力依然关键，那个赛季他在英超联赛的进球直接为曼联带来 14 个积分。

弗格森选择强留 C 罗一年的决定是非常明智的，否则曼联很难阻挡利物浦的强势冲击，弗格森当年那句"将利物浦拉下王座"的豪言壮语或许就无法这么快实现。

　　2009 年 5 月 16 日，曼联主场战平阿森纳，再次捧起英超冠军奖杯，这也是曼联征战英超 17 年间拿到的第 11 个冠军，同时第二次实现了三连冠。在曼联三连冠的三个赛季，C 罗成为最稳定、最高效的进攻武器，他在三个赛季各项赛事里共攻进 91 球，这个数字甚至接近巅峰期的罗纳尔多（96 球），这样的王牌，弗格森怎会轻易放走？

　　另外，在世俱杯的战场上，C 罗在半决赛和决赛都有进球，决赛上的进球更是直接为曼联带来了冠军。至此，除了欧洲超级杯，C 罗已经在曼联实现了俱乐部的大满贯。

　　4 月 15 日，欧冠 1/4 决赛面对波尔图次回合，曼联在老特拉福德与波尔图战成了 2 比 2，因此只能带着两个客场进球的劣势来到巨龙球场。曼联只有取胜或者打出 3 比 3 以上的平局才能进入半决赛。比赛刚开始 6 分钟，接到安德森传球后，C 罗直接大力轰门，这记距离球门约 40 米之遥的远射换来了弗格森的一句抱怨，而当皮球飞入球门后，弗格森也开始兴奋地庆祝。这是弗格森第二次在一次射门时出现泾渭分明的表情反差了，第一次就是贝克汉姆当年的那记气贯长虹的半场吊射。

　　最终凭借这粒天外飞仙般的进球，曼联闯进了欧冠半决赛，C 罗这记石破天惊的远

射也获得了那一年的普斯卡什奖（年度最佳进球），2009年也是普斯卡什奖设立的第一年。

欧冠半决赛跨过了老对手阿森纳，C罗在次回合两射一传包办了三个进球。曼联连续第二年闯进了欧冠决赛，看起来复制一年前的"双冠王"荣耀近在咫尺。

2009年5月27日，欧冠决赛在意大利罗马的奥林匹克体育场举行。曼联对阵巴萨，这是C罗与梅西两位新王的首次巅峰对话。最终凭借埃托奥的捅射与梅西并不擅长的头球破门，巴萨以2比0击败曼联，"红魔"无缘卫冕。

在此届欧冠决赛上，C罗的光芒完全被梅西所掩盖。然而也是从那一天起，C罗和梅西的旷世交锋就提上日程。此战草蛇灰线，伏脉千里，埋下梅罗十年争霸的伏笔。

欧冠决赛也是C罗最后一次代表曼联出战的比赛。

从2003年到2009年，C罗在六载的曼联生涯中，出场292次，打进118粒进球，拿到9个冠军，包括英超联赛三连冠以及一届欧冠冠军。C罗在这里达到了个人职业生涯的巅峰，拿到了几乎所有的个人奖项，包括最重要的金球奖和"世界足球先生"，实现了他那个"成为最好的球员"的梦想。

欧冠决赛后，曼联全队在罗马聚餐，C罗正式向俱乐部的每一名成员道别。在2009年6月11日，曼联官方宣布与皇马达成协议，C罗将以历史最高身价转会伯纳乌，转会费为8000万英镑（约合9400万欧元）。

在里斯本发芽，在曼联绽放，这名24岁的葡萄牙新王再次拾起行囊，开启了在马德里的一段全新征程。

第五章
白金刺客

终 极 刺 客 ：C 罗 传

驾临伯纳乌

2009年6月27日，金球奖和世界足球先生双料得主克里斯蒂亚诺·罗纳尔多加盟皇马。联想到半个月前的6月9日卡卡以6500万欧元的身价空降伯纳乌，以及本泽马和阿尔比奥尔等人的加盟，"银河二期"战舰似乎要浮出水面。

7月6日，C罗在皇马的亮相仪式上慷慨陈词："我终于实现了儿时的梦想，为皇家马德里效力。请你们和我一起——大家一起说'Hala！Madrid！！（前进，马德里！）'"

亮相仪式上，C罗背后的Ronaldo以及数字9，让人恍惚看到那个伯纳乌的"外星人"罗纳尔多。C罗本来想在皇马延续曼联的7号，但皇马7号是"伯纳乌王子"劳尔。C罗也考虑过葡萄牙体育的17号，而皇马17号是他的"老对头"范尼。

在皇马，9号代表伯纳乌的激情；7号则代表伯纳乌的信仰。

在C罗之前，最负盛名的皇马7号披在劳尔身上。二人共事时间尽管只有短短一年，但交情匪浅，即使在4年后，C罗已更享盛名，在劳尔回归的友谊赛上，C罗依然交出了自己的7号球衣。那也是唯一一场，C罗身穿白色11号球衣的比赛。

C罗的到来，让处于低迷情绪中的皇马球迷欢欣鼓舞，他们又看到了胜利的曙光。据统计，亮相的当天，欢迎这名"世界足球先生"的现场球迷人数超过8万，打破当年马拉多纳加盟那不勒斯时7.5万球迷亲临亮相现场的世界纪录。

尽管正值经济危机，但价值80欧元到100欧元的C罗球衣，在C罗亮相当天就售出了3000多件。圣诞期间，所有葡萄牙、西班牙的皇马专卖店甚至出现9号球衣脱销的现象。同时，C罗广告收入的50%归皇马所有，两者联姻使皇马受益。

皇马主席弗洛伦蒂诺发表了热情洋溢的欢迎辞："亲爱的克里斯蒂亚诺·罗纳尔多，你在我们球场盛大的亮相仪式代表了新皇马最纯粹的本质……欢迎来到伯纳乌球场！欢迎来到制造传奇的圣地！欢迎来到属于你的皇家马德里！"

　　至高规格的欢迎仪式，让 C 罗既感压力，也添动力。尽管 24 岁的他在荣誉与资历上还不足以与大罗相提并论，但既然选择复制前辈的足迹，自然就有超越的勇气。

　　罗纳尔多 2002 年加盟皇马时 26 岁，拥有世界杯冠军和金靴，4500 万欧元身价已足够震撼。而 C 罗以现任金球先生身份落户伯纳乌，9400 万欧元的身价更高不可攀。

　　C 罗表达着对未来皇马旅程的憧憬："我会证明自己值 9400 万欧元，我想成为皇马历史上的最佳球员，或者说没有之一。"即使身前有迪·斯蒂法诺、普斯卡什、齐达内、劳尔这样星光熠熠的明星，C 罗也丝毫不掩饰心中的野心。

　　有人兴奋，有人失落。英格兰职业球员协会副总裁博比·巴恩斯公开表示了对 C 罗转会的遗憾："C 罗的离开不仅是曼联的损失，也是全英超联赛的损失，同时也是英超球迷的损失。他们刚刚失去了一位在此效力 6 年并做出卓越贡献的球星。"

　　C 罗的加盟，使皇马继"银河七星"之后，再次成为全球焦点，大家都在期待着 C 罗与皇马的新赛季，"银河战舰二期"的宏伟航程似乎就浮现在眼前。

万事开头难

　　2009/2010 赛季是 C 罗融入皇马的第一季，也是他接班球队领袖的开始。正如劳尔所说："C 罗每天都最早到达训练场，又最后一个离开，以其出众的敬业精神得到全队尊重，他已成为皇马化身。"随着劳尔、古蒂年华老去，C 罗已成为皇马的新领袖，他和卡西利亚斯、拉莫斯一起，构成新皇马的核心线。

　　穿上白衣的 C 罗延续了曼联时期的优秀状态，在西甲前 4 轮就打进 5 粒进球。

　　2009 年 9 月 15 日，欧冠小组赛皇马客场挑战苏黎世，C 罗"梅开二度"，首次向皇马球迷展现出任意球绝技。12 月 19 日，西甲第 15 轮皇马对阵萨拉戈萨，C 罗在禁区内辗转腾挪，跳起绿茵华尔兹。客场挑战马洛卡，C 罗又连过数人后破门得分，上演单骑闯关的绝技。

C罗的表演还不仅限于进球。曾经让老特拉福德球场为之疯狂的华丽运球，如今也让伯纳乌的球迷如痴如醉。过高的身价，"CR9"的球衣，初来乍到的C罗曾备受客场球迷的嘘嘲，他选择用进球来回击质疑。

2009/2010赛季结束，C罗效力皇马的首个赛季，虽然因为伤病休整将近3个月，但依然表现抢眼。他在西甲联赛出场29次，交出26粒进球、7次助攻的高效数据单，创下队史第二高的新援单赛季进球纪录，仅次于迪·斯蒂法诺。

在C罗的强势率领下，皇马打出96分的超高积分，可惜他们遇到了巅峰的"梦三队"，巴萨以99分在西甲夺冠，皇马只能以历史最高积分而屈居亚军。

C罗的首个皇马赛季，表现堪称完美，若说瑕疵，就是在强强对话时表现平平。

2009年10月22日，欧冠小组赛，皇马客场挑战AC米兰，帕托在第87分钟的致命一击让皇马无功而返。面对廉颇老矣的AC米兰，巨星云集的皇马依然办法不多。

2010年2月16日，欧冠1/8决赛，杀入16强的皇马面对里昂这样的二流球队，破门乏术，两回合比赛仅攻破对手大门一次，被里昂以总比分2比1淘汰，无缘进入欧冠8强。

纵使C罗力拔山兮气盖世，可无奈时不利兮骓不逝。西甲联赛亚军以及"欧冠十六郎"的称号，让C罗领衔"银河战舰"二期交出的第一张成绩单有些寒酸。

可能是队友没有给C罗提供足够多的支持，也可能是C罗本人不太愿意分享球权，总之那一年的C罗摆脱不了"太独"的印象。皇马曾砸下2亿欧元的重金，一个赛季后却颗粒无收。

那个赛季是属于梅西和巴萨的。在"梅罗"西甲相逢的首个赛季，梅西在西甲赛场取得34粒进球，超过C罗高居射手榜榜首，其闪耀表现令C罗的星光有些暗淡。

在联赛失意后，C罗将目标锁定在世界杯赛场。2010年南非世界杯，葡萄牙主帅换成了本土教练卡洛斯·奎罗斯。正是他当年慧眼识珠，发现了尚在葡萄牙体育的C罗，才有了这位葡萄牙少年远赴英伦成就曼联辉煌的往事。葡萄牙足协看重奎罗斯，希望他能最大化发挥C罗的能力，也希望葡萄牙"新黄金一代"能如当年同胞航海家迪亚士发现好望角般踏上南非的土地，实现自己的"好望"。

这支"新黄金一代"葡萄牙队在世界杯预选赛表现跌跌撞撞，并没有想象中的那般强大，攻击乏术、战术保守成为其症结所在，更无奈的是进入世界杯"死亡之组"。

"五星巴西"不必多说，"魔兽"德罗巴领衔的科特迪瓦队实力不容小觑，即使是

公认的"鱼腩"朝鲜队，44年前古迪逊花园一战也吓得葡萄牙队心惊胆战。

锋线平平、中场老化、后防伤病，加上主帅无能，让身为核心的C罗孤立无援，只能依靠单打独斗苦撑局面。

2010年世界杯小组赛，葡萄牙队4场比赛的7粒进球，全部是在对阵朝鲜队时攻入的。经此7比0一役，C罗终于得到第二粒世界杯进球，但成就仅限于此。葡萄牙队在面对其他球队时颗粒无收，无论是科特迪瓦队、巴西队还是西班牙队。

葡萄牙队在1/8决赛以0比1不敌西班牙队，只能打道回府，C罗仅带着1粒进球的成绩无功而返。"单丝不成线，孤木不成林"，那时的C罗，没有强大帮手，对于无奈的现状，只有平淡地接受，然后在时间的流逝中耐心等待。

国家德比战

2010 年世界杯之后，铩羽而归的 C 罗回到皇马，第一眼便看到伯纳乌扫榻相迎的新贵人——葡萄牙名帅、人称"魔力鸟"的穆里尼奥。半年前的欧冠决赛，正是穆里尼奥率领国际米兰 2 比 0 击败拜仁，在伯纳乌成就了"三冠王"的辉煌。除此之外，劳尔远赴德甲球队沙尔克 04，也是 2010 年夏天故事的另一段延伸。

当效力皇马 16 载的伯纳乌永远的王子劳尔远走他乡时，留下了无限的唏嘘与怀念，而他那件象征着传奇与荣耀的 7 号战袍，也有了新的主人，那就是 C 罗。

C 罗终于披挂上了最喜欢的 7 号战袍，伯纳乌的最高权杖在那个夏天完成交接，从闷闷不乐的"CR9"，就此回到神奇的"CR7"时代。

当皇马在 2010 年夏天宣布穆里尼奥上任后，有人担心他与同样骄傲的"CR7"能否合得来，但 C 罗很快就被穆帅征服，在夏季热身训练时，C 罗说："他的训练课非常充实，安排得很紧凑。我们都很高兴能够拥有这样优秀的主教练。"

新的主帅，新的队友，一切应该有一个新的开始。不过，对于 C 罗来说，一切好像没那么容易。2009/2010 赛季西甲伊始，C 罗表现得不尽如人意，前 3 场 0 进球，直到第 4 轮对阵西班牙人才打入第 1 球，之后在第 6 轮对阵拉科鲁尼亚"梅开二度"。

C 罗"梅开二度"之后找到状态。在 10 月份的 7 场比赛狂进 12 球，进球如麻也成为"CR7"在穆里尼奥执教皇马时期的常态。

当时 C 罗被穆里尼奥安排踢左边锋，偶尔也内切中路。在穆帅的防守反击战术体系中，C 罗成为皇马的主要火力点。找回状态的 C 罗也不吝啬对穆帅的赞美："他的理念很清晰，对球队帮助很大，他是皇马这个大家庭的父亲，我很高兴在他手下踢球。"

2010 年 11 月 30 日，西甲联赛第 13 轮，皇马奔赴诺坎普球场挑战梅西领衔的巴萨。皇马与巴萨的交锋被称为"国家德比"，这是 C 罗最在乎的比赛，他登陆西甲，不仅要成为皇马最好的球员，还要成为西甲最好的那一位。

C 罗加盟皇马的首个赛季，在与梅西的正面交锋中，葡萄牙巨星处于下风，而皇马也输掉所有的比赛。在 2009/2010 赛季，C 罗希望可以率领皇马扭转颓势，赢下巴萨。

皇马与巴萨是两家顶级的西甲豪门，如奇峰耸立、双岳对峙，他们的每一次交锋，都意味着最奢华的星团对战，其中最耀眼的还是C罗与梅西的直接对话，此外还交织着马德里与加泰罗尼亚之间的历史恩怨，受到全国瞩目，因此皇马与巴萨的比赛也被称为西班牙"国家德比"。

在这次比赛之前，皇马在积分榜上仅仅领先巴萨1分，此战也是半程榜首争夺战。

在诺坎普的雨夜，穆帅推出皇马星阵：本泽马单骑突前，C罗和迪马利亚两翼游弋，赫迪拉和阿隆索双后腰护航。后方线上佩佩和卡瓦略坐镇中路，马塞洛和拉莫斯一左一右，卡西利亚斯镇守球门。上赛季欧冠半决赛国际米兰淘汰巴萨晋级决赛，那个夜晚"魔力鸟"在诺坎普纵情飞奔，如今"狂人"想旧梦重温。

然而比赛结果却出乎穆里尼奥和C罗的预料，这一次他们一败涂地。

不仅C罗颗粒无收，"银河战舰"漏洞百出的防线被巴萨深深刺穿，被攻进5粒进球。0比5，就像戳破苍穹的五指山。这场比赛梅西虽然没有进球，却送出两次助攻。

而 C 罗却全场形同梦游，当时皇马全队球员亦然。

进入 2011 年，C 罗与梅西率先在国际友谊赛赛场兵戎相见。在 2 月 9 日阿根廷队与葡萄牙队的热身赛上，梅西的助攻帮助阿根廷队取得客场领先，C 罗随后的抢点则助力主场作战的葡萄牙队扳平比分。这场比赛，是两人国家队层面的第一次正面交手，而梅西则在下半场用一粒点球帮助"蓝白军团"锁定胜局。这一场剑拔弩张的交锋，算是两人对接下来的"国家德比"四重奏的预热。

2011 年 4 月 16 日到 5 月 4 日，短短 18 天内，皇马要和巴萨进行四度交手。伯纳乌、诺坎普和梅斯塔利亚这三座球场，将决定 C 罗与梅西的王座归属。

西甲联赛、西班牙国王杯决赛、欧冠半决赛，18 天后，当终场哨吹响的那一刻，就将知道谁会功成名就，谁又会功败垂成。这是一次属于国家级别的系列战争。

双方第一次交手，在 4 月 16 日西甲第 32 轮，彼时皇马在联赛积分上已落后对手 8 分，夺冠希望渺茫。在这场无关痛痒的比赛中，C 罗与梅西各进 1 粒点球。1 比 1 平局。

4 月 20 日，皇马与巴萨的第二战在梅斯塔利亚球场打响，这是直接决定冠军归属的国王杯决赛，因此两队尽遣主力。双方都没有寻到破门良机，直到进入加时赛第 103 分钟，迪马利亚左路传中，C 罗后点 12 米处头球冲顶破门，皇马三年来第一次在"国家德比"领先巴萨，C 罗高高跃起，用呐喊来宣泄心中压抑已久的积郁。

领先后的皇马加强防守强度，迪马利亚为了防止梅西突破不惜犯规，在第 120 分钟领到第二张黄牌被罚下场，皇马将 1 比 0 的胜果保持到最后，捧起国王杯冠军奖杯。

C 罗攻入制胜球，带领"银河战舰"夺得国王杯冠军，那也是"CR7"效力皇马两年来的第一座冠军奖杯，C 罗第一次在与梅西正面对话中占据上风。

百分夺冠

CRISTIANO RONALDO

　　2011 年 4 月 28 日，皇马与巴萨从西班牙赛场转战到欧冠赛场，坐镇主场的皇马没有延续胜绩。梅西独中两元，尤其是第 2 粒进球，一个人撕裂皇马的整条防线，上演"过关斩将"的经典戏码。巴萨在客场以 2 比 0 完胜皇马，让伯纳乌的星光黯淡沉寂。

　　欧冠半决赛皇马对巴萨的惨败，直接引爆 C 罗与穆里尼奥之间的矛盾。对阵巴萨碌碌无为的 C 罗，公开表达了对穆里尼奥战术的不满。从比赛效果来看，穆帅以防守反击为基调的三后腰战术，确实有限制 C 罗发挥之嫌。镜头显示比赛第 17 分钟，C 罗独自一人在前场与马斯切拉诺、皮克、普约尔之间来回抢球，没有任何一名皇马球员上前接应，都站在后场等待巴萨进攻。如此消极的防守战术，令 C 罗备感失望。

　　《马卡报》附议了 C 罗的观点，标题是"枯燥，毫无特点"，内文写道："一个炫目的梅西让皇马显得如此平庸，穆里尼奥的战术令人失望。"

　　欧冠半决赛第二回合，皇马在客场对战巴萨的赛前，C 罗又一次和穆里尼奥在战术上发生分歧。穆里尼奥向 C 罗直言："知道我们为什么踢得这么保守吗？是因为你不想

防守，因此我不得不让全队撤得深一些，你不能在场上只做自己想做的事。"

师徒二人这次"争执"长达 40 分钟，之后穆里尼奥和 C 罗的关系宣告破裂。有人认为，惹怒 C 罗，穆里尼奥在皇马的执教生涯可能走到尽头。

2011 年 5 月 4 日，欧冠半决赛次回合比赛在诺坎普进行。第 53 分钟，佩德罗接伊涅斯塔直塞球，反越位射门率先得分。第 63 分钟，马塞洛接迪马利亚传中，门前抢点破门。最终双方战成 1 比 1 平，巴萨以总比分 3 比 1 淘汰皇马，挺进欧冠决赛。皇马在 2010/2011 赛季还是没有翻过巴萨这座大山，在西甲与欧冠两条战线上双双失利。

2011/2012 赛季西甲联赛第一轮，C 罗就上演"帽子戏法"，他的状态火热与穆帅为其量身打造的战术有很大关系，师徒二人不和的传言也不攻自破。

10 月 19 日，欧冠小组赛第 3 轮，皇马以 4 比 0 完胜里昂，也报了上赛季在 1/8 决赛被里昂淘汰的一箭之仇。

2011/2012 赛季，C 罗开始彻底爆发，他在西甲一共 7 次上演"帽子戏法"，收获 46 粒西甲进球，创职业生涯新高。

2012 年 3 月 24 日，C 罗在皇马主场以 5 比 1 大胜皇家社会的比赛中，打进自己在西甲联赛的第 100 粒进球，达到百球大关只用了 92 场比赛，其进球效率超过梅西。

　　除此之外，那个赛季 C 罗还留下许多经典时刻。皇马客场对阵巴列卡诺，"CR7"用一记极具想象力的脚后跟射门，帮助球队客场带走 3 分；做客奥萨苏纳，C 罗用一记毫不讲理的重炮轰开了对手城池，进球后他霸气外露，炫出大腿肌肉。

　　欧冠半决赛，皇家马德里迎来真正的挑战——"德甲巨人"拜仁。

　　2012 年 4 月 18 日，皇马远赴慕尼黑，在安联球场与拜仁进行强强对话。双方均打出了攻势足球。第 17 分钟，拜仁边锋里贝里第一次射门就得分。第 53 分钟，由厄齐尔将比分扳平。比赛第 90 分钟，戈麦斯近距离抢点破门，帮助拜仁绝杀皇马！

　　拜仁捍卫了主场荣耀，皇马则带回了 1 粒宝贵的客场进球。一场荡气回肠的"欧洲德比"落下了帷幕。更多的悬念，留在了一周后的次回合交手。

　　对于皇马及 C 罗来说，最麻烦的事，是与拜仁的次回合交手前，还要进行一场激烈的"国家德比"。4 月 21 日，西甲第 35 轮做客诺坎普，又一场世纪大战，比赛仅仅开始 4 分钟，C 罗就用一次大力头球攻门，威胁到巴尔德斯把守的大门。

　　比赛第 16 分钟，普约尔解围失误，赫迪拉后排插上、捅射破网，帮助皇马以 1 比 0取得领先。第 70 分钟时巴萨桑切斯的破门，让双方重回同一起跑线。

　　第 73 分钟，C 罗接厄齐尔传球后长驱直入，单刀赴会，破门得分，一气呵成的动作，帮助皇马将比分改写为 2 比 1。进球后，C 罗双手下压，独自向诺坎普的 9 万巴萨球迷

做出示意安静的手势。这也是葡萄牙巨星在联赛中首次面对巴萨取得进球，更重要的是，他们已经在联赛中甩开死敌 7 分，第一座联赛冠军奖杯已经近在眼前。

此后，双方均无建树，这个比分也保持到了终场哨吹响的那一刻。这是四年来，皇马第一次在西甲联赛 90 分钟内战胜巴萨。在西甲联赛仅剩 4 轮的情况下，皇马将自己的领先优势扩大到 7 分。这也是穆帅治下的皇马首次在诺坎普获胜，是一次里程碑式的胜利。

4 月 26 日，欧冠半决赛次回合比赛在伯纳乌展开，虽然皇马在主场气势如虹，虽然 C 罗梅开二度，但顽强的拜仁还是凭借罗本的破门，以 3 比 3 的总比分逼平"银河战舰"，并在点球大战中以 4 比 3 淘汰皇马，昂首挺进决赛。

皇马虽然在欧冠赛场失利，但在西甲赛场上，还是保持一路领先的格局。2011/2012 赛季结束，皇马终于夺回阔别四年之久的西甲冠军，这也是 C 罗的首座西甲冠军奖杯。皇马创下 100 分的完美积分，刷新西甲纪录。

C 罗来到皇马第三年，终于扛起"银河战舰"复兴的重任。在皇马全队打入创纪录的 121 粒西甲进球中，C 罗包办 46 球。在所有比赛中，C 罗共攻进生涯新高的 60 球。

然而，既生瑜，何生亮！巅峰期 C 罗遇到现象级的梅西，后者凭借自然年打进 91 粒进球的史诗壮举，力压 C 罗，夺得 2012 年金球奖。对此，穆帅愤愤不平："如果梅西是这个星球上最好的球员，那么 C 罗就应该是宇宙最好的球员。"

就连一向目高于顶的"狂人"都对爱徒不吝赞美，足见 C 罗在 2011/2012 赛季无论是个人表现还是带队荣誉，都取得令人信服的成绩。

第六章

伯纳乌之王

终极刺客：C罗传

银河新航程

从英超来到西甲的 C 罗曾经踌躇满志，但从 2009 年到 2012 年，梅西用一波"金球奖四连霸"坐上第一人的宝座，其荣耀如万仞高山，横亘在葡萄牙人的面前。

望峰息心？非也！C 罗显然要翻越峰巅！在 2012/2013 赛季实现宏愿。

2012 年 8 月，皇马花费 3000 万欧元 +500 万欧元的浮动条款买入英超劲旅热刺的中场核心卢卡·莫德里奇。这支克罗地亚人"魔笛"的到来加强了皇马中场的稳定性与创造力，也为 C 罗在追逐欧冠的梦想上再添一枚重磅砝码。

2012/2013 赛季欧冠小组赛，皇马与多特蒙德、曼城、阿贾克斯同在一组。彼时德甲新贵多特蒙德刮起黄色风暴；曼城全力打造"英超银河战舰"；荷甲豪门阿贾克斯余威尚存。如何在"死亡之组"突围，如何三线作战，皇马在新赛季有着太多未知数。

2012 年 8 月 24 日，诺坎普球场上演皇马与巴萨的西班牙超级杯首回合对决。第 55 分钟，皇马开出角球，C 罗门前冲顶，用一记头槌敲开巴萨的大门。

C 罗进球后再次做出让诺坎普安静的嘘声手势，霸气外露、震慑全场。虽然此战最终皇马以 2 比 3 不敌巴萨，但 C 罗的表现还是可圈可点。

6 天后，西班牙超级杯次回合双方回到伯纳乌，伊瓜因在第 10 分钟率先破门。第 18 分钟，C 罗单骑闯关，用"彩虹过人"戏耍皮克，背身挑球过掉巴萨铁卫后，面对巴萨门将巴尔德斯，再用一记"爆杆"射门，轰开对手的大门。虽然梅西在第 45 分钟扳回一球，但皇马还是以 2 比 1 的比分赢得此战的胜利。

皇马与巴萨，总比分打成 4 比 4 平，"银河战舰"凭借客场进球多而力压"红蓝军团"捧起西班牙超级杯。从"死敌"手中夺来 2012/2013 赛季的第一冠，C 罗一扫心中阴霾，对新赛季、新征程充满信心。

2012/2013 赛季伊始，C 罗进球如麻——前 8 场比赛打入 10 粒进球，更是连续两场比赛上演"帽子戏法"。

2012 年 10 月 8 日，西甲第 7 轮，皇马奔赴诺坎普挑战巴萨。C 罗为了这场"国家德比"特意换了新发型，希望能带来好运气。第 23 分钟，C 罗在左路接到本泽马的分球后，直接在禁区内小角度左脚劲射破网，比分变为 1 比 0。

随后的梅西在第 31 分钟和第 61 分钟梅开二度，将比分反超。第 66 分钟，C 罗接到队友直塞球反越位成功，单刀赴会，稳稳地将球推入球门右下角，将比分扳成 2 比 2 平。

这也是 C 罗连续第 6 场面对巴萨取得进球，2 比 2，两队最终打成平局，梅西与 C 罗各打入两球，可谓平分秋色。

2012 年 9 月 19 日，欧冠小组赛第 1 轮，皇马主场迎战英超劲旅曼城。本场比赛皇马曾两度落后，顽强将比分扳成 2 比 2 平。比赛进行到第 90 分钟，C 罗沿左路斜插禁区，随即抽出一脚线路诡异的"电梯球"射门，曼城门将乔·哈特猝不及防，皮球直入球门。

C 罗绝杀"蓝月亮"，在伯纳乌球场上尽情怒吼，激动不已的穆里尼奥冲出教练席，在草坪上滑跪庆祝，师徒二人联袂上演了皇马史上颇为经典的一幕。

欧冠小组赛两回合皇马面对曼城，取得 1 胜 1 平的不败战绩。

　　2012 年 10 月 25 日，皇马首回合客场面对多特蒙德，1 比 2 失利，"银河战舰"不得不吃下三年来欧冠小组赛的首场败仗。小组赛 6 轮过后，皇马 3 胜 2 平 1 负，以小组第二的身份进入 16 强淘汰赛。

　　2012 年，C 罗的表现已足够完美，但在金球奖评选中，还是输给老对手梅西。

　　那段时间专家们普遍有一种论调：C 罗是这个星球上最全面的足球运动员，他的效率奇高，但梅西是这个星球的足球艺术家，其天赋无人能及。而球迷们似乎也知道，激怒"CR7"最好的方式是重复梅西的名字。

　　对于"是运动员还是艺术家"的问题，在金球奖颁奖结束后，C 罗给出了自己的答案："我是一名运动员，在球场上想尽量展示足球的魅力，让大家都感受到足球的乐趣。"

　　那时的 C 罗确实比梅西更全面，而且在他们的交锋中，C 罗也不落下风。但在荣誉比拼上，梅西却总能更胜一筹。C 罗是无比自信的球员，他总是不断鞭策自己、提升自己的实力，以求超越梅西，成为足坛第一人。

　　那时候 C 罗对自己异常严苛。"重复训练，日复一日，不会改变。经常放松不是什么好事，我总会对自己说，克里斯蒂亚诺，你的荣誉还是太少，要继续努力。"

　　2012 年转瞬即逝，2013 年悄然到来。在新的一年，C 罗将迎接新的挑战，首先便是欧冠 1/8 决赛，等待 C 罗与皇马的是——弗格森爵士引领的"红魔"曼联。

　　面对老东家以及昔日的恩师益友，C 罗将写下何等爱恨交织的诗篇？

梦幻游子归

我们心中有几个克里斯蒂亚诺·罗纳尔多呢？他是里斯本的追风少年、是"梦剧场"的王子，还是伯纳乌的国王呢？

2007年9月19日，那时还身披"红魔"7号球衣的C罗做客里斯本，代表曼联挑战葡萄牙体育，下半场他打进一粒头球后，选择静默以示对昔日母队的尊敬。当C罗被替换下场时，里斯本全场球迷都给予热烈的掌声，在他们心里，已经贵为世界足球先生的C罗依然是那位身着绿白球衣的少年。

曾经是"梦剧场"的7号，是弗格森眼中的宝藏男孩。如今他是伯纳乌的7号，他身着白色的战袍，却保有红色的灵魂。他拥有王者的气质，也有游子的风骨。

2013年2月14日情人节，欧冠1/8决赛的首回合比赛在伯纳乌球场进行，C罗不得不面对老东家曼联。在那个浪漫温情的节日里，久别重逢的故人却要刀兵相见。

双方比赛剑拔弩张，第20分钟鲁尼左路角球传中，维尔贝克在小禁区内甩头攻门得手，曼联先发制人。第30分钟，迪马利亚左翼传中，C罗在门前高高跃起，将球顶入球门右下角。这粒头槌破门成为C罗生涯最经典的进球之一，不仅是面对旧主的温情，还有那惊诧世人的弹跳力！赛后数据分析显示，C罗在头球破门时弹跳高度达到了惊人的1.3米，头球最高点距离地面2.9米，远远超出足球运动员的平均弹跳水平。

2013年3月6日，双方带着1比1的比分来到老特拉福德。C罗在阔别4年之后第一次以正式比赛球员的身份重回"梦剧场"。他在这里收到全场球迷最热烈的掌声，那些熟悉的旋律依旧响彻云霄，仿佛C罗从未离开过这里，他依旧是那个曼联7号。

在这个令人动容的夜晚，老特拉福德球场兑现了承诺：给C罗最温暖的欢迎仪式。赛前，现场广播响起的刹那，球迷们仿佛又看到那些年驰骋在老特拉福德的7号身影。

"现在入场的，是'梦剧场'的7号，克里斯蒂亚诺·罗纳尔多！"

温情之夜本该有温情的结局，但土耳其主裁判显然毁了既定的剧本。下半场第56分钟，拉莫斯自摆乌龙，曼联取得领先。随后纳尼争抢高球时踹到阿韦罗亚胸口，虽然在伸脚前已有收敛，但主裁判依然直接出示红牌将纳尼罚下。

终极刺客

　　教练席上的弗爵爷怒了，他冲上场边与裁判据理力争，但未能改变判罚的结果。11 打 10，皇马利用人数上的优势开始占据主动，第 66 分钟，莫德里奇在禁区前沿兜射，皮球画出一道刁钻的弧线，打中立柱内侧弹入球门，皇马将比分扳成 1 比 1 平。

　　第 69 分钟，伊瓜因插入禁区右侧起脚传中，C 罗后点包抄铲射破门。"梦剧场"的孩子又一次在老特拉福德进球，只可惜这一次他攻克的是"梦剧场"的大门。进球后，C 罗没有庆祝，并示意前来祝贺的皇马队友也保持克制，他不愿意将自己的幸福建立在旧主的痛苦之上。甚至，他还向着观众席做出了"抱歉"的手势，脸上的表情也是一脸的愧疚。这或许是他职业生涯中，最不想打入的一粒进球。

　　也许再铁血的战士，也会为他心底的故乡，保留一丝温存。

　　凭借 C 罗这粒进球，皇马以 2 比 1 击败曼联，总比分 3 比 2 淘汰对手，挺进欧冠下一轮。足球就是这么残酷，C 罗只是做了他分内之事，帮助自己现在效力的球队取得胜利。我们知道，他一样深深地热爱着"梦剧场"的球迷。

　　"回到这里，我的家，这种感觉难以置信。我为皇马感到开心，也为曼联感到失落。我在曼联度过了职业生涯最美好的几年。每个人都知道，曼联一直在我心里，我非常非常怀念。但这就是足球，我现在必须为皇马竭尽全力。"

　　曼联虽败犹荣，他们也赢得皇马主帅的认可。赛后，"狂人"穆里尼奥在发布会上说出"这场比赛，表现更好的球队却没有赢球"，似乎也为曼联受到红牌判罚而鸣不平。

　　曼联球迷还没有好好欣赏 C 罗在"梦剧场"的表演，这位葡萄牙巨星却又匆匆离别。从那以后，C 罗与曼联的每一次交手，都是一次温暖的久别重逢。而当时没有人知道，那会是弗格森执教曼联的最后一场欧冠比赛。

　　那一晚，"梦剧场"为 C 罗上演最缱绻的告别。

前路阻且长

CRISTIANO RONALDO

2013 年 2 月 27 日，皇马与巴萨在诺坎普进行国王杯半决赛次回合。比赛第 13 分钟，C 罗主罚点球命中。下半场第 57 分钟又补射破门，梅开二度，率领皇马以 4 比 2 的总比分战胜巴萨，挺进决赛。C 罗在与梅西的直接对话中，再一次胜出。

5 月 18 日，国王杯决赛，皇马对阵同城劲敌——马德里竞技，第 14 分钟，C 罗为皇马首开纪录，随后科斯塔为马竞扳平比分。加时赛中，C 罗一个不冷静的动作，正中马竞队长加比的下怀，被主裁判直接红牌罚下。皇马缺少主心骨，第 98 分钟被米兰达攻入制胜球，作壁上观的 C 罗只能目送着马竞捧起冠军奖杯。

皇马在西甲联赛中已经被巴萨拉开分差，夺冠无望。"银河战舰"努力了一个赛季，绝不允许两手空空，所以他们在欧冠赛场上全力一搏。

2013 年 4 月 4 日，欧冠 1/4 决赛首回合之战打响，皇马对阵土耳其豪门加拉塔萨雷。C 罗、本泽马、伊瓜因三箭齐发。"银河战舰"看似赢得轻松，可也留下隐患：阿隆索与拉莫斯分别领到一张没必要的黄牌，这让皇马深陷"洗牌门"的风口浪尖。

皇马虽然晋级半决赛，但"洗牌门"影响了皇马的欧冠备战。欧冠半决赛挡在 C 罗和皇马面前的对手，还是那个小组赛就很难缠的多特蒙德。

2013 年 4 月 25 日，伊杜纳信号公园球场声浪震天，皇马在多特蒙德的地盘没能踢出应有水准。"波兰神锋"莱万多夫斯基上演"大四喜"，而"银河战舰"仅凭 C 罗打进 1 粒宝贵的客场进球，保留了一丝颜面。1 比 4，皇马晋级希望渺茫。

6 天后回到伯纳乌，"银河战舰"需要净胜 3 球才能完成史诗翻盘。皇马发起猛攻，但多特蒙德的坚固防线阻挡住"银河战舰"的猛烈炮火。直到比赛最后 10 分钟，本泽马、拉莫斯连续得分，才让皇马球迷一度看到希望，可终场哨声响起，记分牌上依旧是 2 比 0。距离晋级，皇马仅差 1 粒进球，看到希望再绝望，对于皇马而言太过残酷。

醉里挑灯看剑，梦回吹角连营。那一夜，C 罗也曾梦到百万雄兵，但还是再一次地倒在了通往欧冠决赛的路上，这已经是 C 罗来到皇马之后的第三次了。C 罗欠缺的不只是运气，还有队友的帮助，或者说，大家还要再更努力一点才行。

正如主教练穆里尼奥所言，在那一夜"最好的球队输了"。但，这就是足球。

2012/2013 赛季，"银河战舰"依旧在欧冠的航程中搁浅，皇马主席弗洛伦蒂诺对穆里尼奥的耐心逐渐降到冰点，"更衣室风波"则更是让这位葡萄牙名帅心烦意乱。

2013 年 1 月 16 日，在国王杯皇马击败瓦伦西亚的比赛中，穆里尼奥再次当众批评 C 罗回防不积极。在穆帅的战术板中，防守第一位，难免在进攻上会忽视一些。而 C 罗为了在射手榜上与梅西抗衡，更希望自己成为纯粹的攻击手。虽然师徒两人都是在为球队着想，但南辕北辙的足球理念必然使他们产生矛盾。

在前两个赛季，皇马还有一些冠军加持，矛盾被掩盖了下去。但在四大皆空的2012/2013 赛季，在面对穆里尼奥的再一次批评后，C 罗彻底爆发了。

这场闹剧的最后，以穆里尼奥的下课而告终。毕竟在"老佛爷"的账单上，C 罗的价值远比任何一位教练都重要。实际上，两位葡萄牙人有着太多的相似个性，对胜利的那份固执与偏执以及对冠军永无止境的渴望，使他们就像一株开出的双生花。

如果两人能再多多沟通，求同存异，或许这对最好教练与最好球员的组合，就能联手率队行天下。只可惜没有如果，那些美好的构想，只能在我们的思绪中一闪而过。

C 罗来到皇马已经四个年头，依然没有尝到欧冠冠军的滋味，他本人更知道，欧冠是"银河战舰"必须要获得的东西："我认为欧冠是最高荣誉，捧起欧冠奖杯是所有球员的梦想，皇马有决心赢得它，我相信我们已经准备好了。"

又要面临一个新的赛季、一个新的轮回。属于皇马的最好时代，正悄然而至。

再夺金球奖

CRISTIANO RONALDO

2013 年 C 罗 28 岁了，正值足球运动员的黄金年龄。皇马效力的前四个赛季，在西甲赛场，他率领"银河战舰"与梅西的巴萨缠斗，消耗大量精力，因此在欧冠赛场，C罗的皇马总会出现后劲不足的现象，总倒在半决赛的门槛，距离欧冠决战一步之遥。

在新的 2013/2014 赛季，率领皇马夺得欧冠冠军，成为 C 罗的首要目标。

2013 年，穆里尼奥到了五十知天命的年纪。2011/2012 赛季他曾率领皇马在西甲"百分夺冠"，已证明了价值。但"老佛爷"最看重的是穆里尼奥以往率队在欧冠夺冠的光辉履历，他希望"魔力鸟"带领皇马在欧冠上问鼎，可惜没有如愿。

穆里尼奥卸任之后，"老佛爷"对欧冠的执念达到巅峰，甚至请来一位有着"欧冠DNA"的卡尔洛·安切洛蒂成为"银河战舰二期"的新主帅。

比起草莽出身的穆里尼奥，安切洛蒂更像是贵族出生的"大家长"。在球员时代，安切洛蒂就与众多足坛巨星打过交道。而在执教尤文图斯、AC 米兰和切尔西这些豪门的时候，安切洛蒂的麾下更是巨星如云。安切洛蒂的最大优势，就是能够平衡巨星之间的关系，能将伯纳乌"更衣室风波"压到最低。

当然，安切洛蒂不只是"和事佬"，作为欧洲名帅，自然有他的硬实力。他曾在AC 米兰炮制出四大 10 号球员的神奇战术，带来两座欧冠冠军奖杯。

安切洛蒂要让皇马踢出更具进攻的足球，从比赛来看，他确实做到了。从安切洛蒂初接手皇马所用的 4-3-3 阵形来看，安切洛蒂是更重视中场控制和渗透的主帅，这也合乎了 C 罗的心意。皇马在季前集训期间踢的 7 场比赛，给出了一些比穆里尼奥执教时期更加漂亮的数据。球队的足球更加赏心悦目、更追求进攻，而这也是 C 罗所希望的。

同样是在 2013 年夏天，皇马再度斥资 1 亿欧元，用打破 C 罗转会费纪录的费用，再次从托特纳姆热刺俱乐部买来了威尔士"边翼"加雷斯·贝尔。他飞快的速度与 C 罗一左一右，无异于让皇马插上了一双有力的翅膀。也难怪有球迷戏称这样两位亿元身价的前场巨星为"两亿齐飞"，一语双关，妙哉妙哉。

中锋本泽马（Benzema）加上贝尔（Bale），还有 C 罗，从 2013/2014 赛季开始，皇

马正式开启了纵横天下的"BBC"时代。

安切洛蒂围绕 C 罗来布置战术,给予"BBC"三叉戟充分自由度,甚至让边后卫马塞洛和卡瓦哈尔在两翼辅助进攻。在这套战术下,C 罗在影子中锋的位置上如鱼得水。

从 2013/2014 赛季起,在皇马顺风顺水的 C 罗也开始在葡萄牙队大放异彩。

2013 年 11 月 16 日的世界杯预选赛附加赛,葡萄牙队对瑞典队,首回合在里斯本光明球场,C 罗攻入全场唯一进球,让伊布和瑞典队空手而归。

11 月 20 日,次回合比赛移师斯德哥尔摩,比赛第 50 分钟,穆蒂尼奥在中线踢出一脚穿越防线的精准长传,C 罗高速起动甩开防守,带球到门前左脚推射,皮球打入球门右下角,1 比 0,葡萄牙领先。这是 C 罗在 2013 年打入的第 64 球,超越 2012 年 63 球的个人自然年进球纪录。第 67 分钟,瑞典队发角球,伊布在门前抢点头槌,将皮球顶进远角,1 比 1,瑞典队将比分扳平。

第 72 分钟,伊布在前场主罚任意球,用一脚低射轰开球门,2 比 1,瑞典队将反超。

第 76 分钟,葡萄牙队后场断球反击,C 罗带球突入禁区,左脚斜射入远角。而仅仅两分钟之后,穆蒂尼奥中场右路传出一记洞穿对手防线身后球,心领神会的 C 罗高速得球后插入禁区,蹭过出击的门将伊萨克松,小角度推射入网。全场战罢,葡萄牙队以 3 比 2 击败瑞典队,并以两回合总比分 4 比 2 淘汰对手,挺进巴西世界杯。

葡萄牙队与瑞典队的比赛堪称"旷世巨星的巅峰对决",最终 C 罗用"帽子戏法"

力压伊布的"梅开二度"。足球不是一个人的游戏，但却是证明一个人更优秀的战场。伊布绝对是当世神锋"TOP 5"的存在，而 C 罗偏偏就是比神锋更强的两人之一。

2014 年 1 月 14 日，金球奖颁奖典礼在苏黎世举行，梅西此前已经"四连庄"，而"五冠王"拜仁的功勋球员里贝里也呼声很高。但最终 C 罗以 27.99% 的得票率险胜梅西（得票率 24.72%）和里贝里（得票率 23.39%），荣膺金球奖。这是 C 罗时隔 5 年后再拿金球奖，也是他在加盟皇马后首夺此奖，尽管那一年他没有团队荣誉加身，但是凭借着超高的进球效率，加上以一己之力率领葡萄牙队挺进世界杯等原因，还是赢得了更多的选票。

在颁奖现场，"迷你罗"给爸爸一个吻作为祝贺，C 罗不禁潸然泪下，发表了质朴情真的获奖感言："这一刻的心情我无法形容，感谢皇马和葡萄牙国家队的所有队友，如果没有你们，今天这一切都不会发生。也感谢国际足联将金球奖颁发给我。感谢我的家人，我现在很高兴、很激动，感谢你们所有人。"

梅西连续四年蝉联这项最高荣誉之后，有了"金球奖是属于梅西"的论调，而 C 罗夺得 2013 年金球奖之后，打破梅西垄断的同时，将"绝代双骄"的十年对决提到了一个新的高度，他们的一切都正值巅峰。

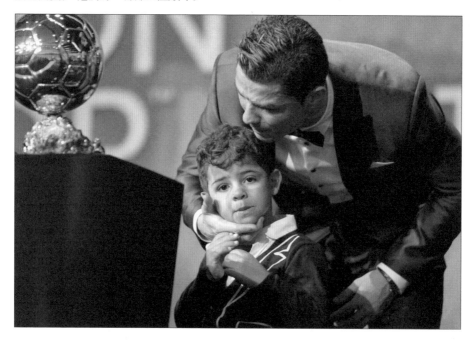

FIFA
BALLON
D'OR
2013
FIFA
BALLON
D'OR
2013
Cristiano Ronaldo

第七章
王者归来

终极刺客：C罗传

变阵显神威

CRISTIANO RONALDO

2013 年夏天，皇马斥资 1 亿欧元引进贝尔之后，许多人都猜测这是弗洛伦蒂诺准备用这位 24 岁的威尔士人来接替 28 岁的 C 罗，就像当年 C 罗顶替劳尔那样。

随后，C 罗用自己的表现告诉世人，自己拥有连绵不绝的高峰期。即使贝尔拥有皇马最贵 1 亿欧元的身价（C 罗 9400 万欧元），但"CR7"依然是伯纳乌当之无愧的王。

2013 年 9 月 15 日，C 罗同皇马签订一份新合约，期限到 2018 年。合同年薪高达税后 1700 万欧元，创当时足球运动员的最高年薪纪录，当时梅西在巴萨的年薪（未公布）据推测在 1300 万欧元到 1600 万欧元之间。

皇马主教练由穆里尼奥换成安切洛蒂，这位有着丰富杯赛经验的意大利人，他的夺冠经验将和 C 罗的荣誉雄心交织在一起。对于 C 罗来说有这样一位恩师比较幸运，因为安切洛蒂懂得授权和放权，同时又能够处理好管理层和球队之间的关系。

如果说铸就了"红色帝国"的弗格森，对于 C 罗来说是一位既强势又温情的严父，那么安切洛蒂，对于 C 罗来说就是一同追寻欧冠冠军的合伙人。

主教练的更换，也意味着 C 罗身边的队友们调换。熟悉 C 罗跑位并能与之配合的本泽马，在安切洛蒂的战术体系中占有重要位置，而伊瓜因只得远走那不勒斯。

2013/2014 赛季初期，皇马新阵容一度陷入低迷。西甲联赛第 7 轮，皇马在伯纳乌 0 比 1 不敌马德里竞技。2013 年 10 月 27 日首回合"国家德比"，皇马又被巴萨以 2 比 1 斩落。在这两场关键比赛中，C 罗都没有踢出好状态，被许多媒体口诛笔伐。

"老好人"安切洛蒂气定神闲，因为他没有穆里尼奥的张扬外向，而是多了几分沉稳和老练。经过几个月磨合，安帅精心打造的"BBC 组合"开始显现威力。

新一代"银河战舰"在这个赛季被捏合成为一支兼具速度和力量的"传奇缔造者"。

整支球队不再倚仗某一两位球星的个人发挥来力挽狂澜，而是利用超级巨星们对于足球深刻的理解，激发他们如臂使指的战术执行力，从而打出高效的团队足球。

C 罗也在安切洛蒂麾下正式完成了转型，本泽马变成了全力衬托 C 罗跑位的"超级绿叶"，转型影子前锋的 C 罗也极大地缩短了与对手球门之间的距离，从前只会闷头突

破的青涩少年，如今已经蜕变成最犀利的"禁区终结者"。

　　C罗在穆里尼奥时期，成功地从一个突破型边锋转型为传、射、突俱佳的前场自由人，又在安切洛蒂手下，从前场自由人向一名纯射手靠拢。在这一时期，C罗的射门能力已达到炉火纯青。在两位恩师的指导下C罗主动转型，这也造就了一个进攻"大杀器"。

　　2013/2014赛季，C罗在欧冠赛场斩获创纪录的17粒进球，并在西甲的进球数也陡然提升，与梅西在射手榜展开激烈竞争。很多进攻球员都随着年龄增长在场上选择位置后撤，便于节省体力，以此延长职业生涯。C罗是个例外，随着年纪的增长，他反倒是把场上位置不断前提，最终成为进球效率奇高的"禁区杀手"。

　　C罗对此解释道："我从来都不是中锋，但我为球队的胜利，需要更多靠近禁区，掌握更多进球机会。我已经不是传统的7号，但也不是传统的9号，我喜欢在球场上可以自由发挥，而安切洛蒂正是意识到这一点的教练，我非常感谢他。"

　　安切洛蒂以其出色的捏合能力将大换血的"银河战舰"适应期缩短，即使皇马在西甲联赛最终无缘西甲冠军，但安帅是一位具有欧冠基因的教练，其打造的适合杯赛的战术体系也让处于转型期的C罗锋芒不减，在欧冠的赛场上变得更加锐利。

　　2013/2014赛季欧冠小组赛，C罗出战5场且全部打满，轰入不可思议的9粒进球。皇马小组赛保持不败，并打入20粒球，其进攻锐不可当，风头一时无两。

连克德国三强

CRISTIANO RONALDO

2014年伊始，如果说世间对于C罗夺得金球奖还存在极大争议，那么接下来的日子里，C罗就用完美表现回击了一切质疑。

2014年2月27日，欧冠1/8决赛首回合，皇马奔赴盖尔森基兴，"BBC组合"联手发威，C罗、贝尔、本泽马分别各中两元，以6比1大胜沙尔克04，"银河战舰"也凭此一举打破了在德意志土地不胜的魔咒。

皇马两回合以总比分9比2淘汰沙尔克04，挺进1/4决赛后，又碰到另一支德国球队，那就是上赛季的欧冠亚军——"大黄蜂"多特蒙德。

正所谓"不是冤家不聚头"，2013年欧冠半决赛莱万用"大四喜"击溃"银河战舰"，而一年之后，C罗与皇马上下众志成城，决心复仇。

2014年4月3日，双方首回合在伯纳乌球场交手，恰逢C罗的第100场欧冠比赛。皇马赛前突遭不测，左后卫马塞洛左腿拉伤，迪马利亚突发急性肠胃炎，两员大将缺阵，而多特蒙德的"王牌"莱万也因累积黄牌停赛，双方均未能以全主力出战。

那一夜伯纳乌声浪震天，贝尔和伊斯科的进球很快就让皇马取得胜势，但还不完美，因为欧冠百场的主人还未开张。第57分钟，莫德里奇传球，C罗用左脚劲射攻破了多特蒙德的球门，这一姗姗来迟的"欧冠百场进球"，为皇马带来一场3比0的大胜，对多特蒙德完成这次畅快复仇后，大家都认为皇马一只脚已经踏入四强。

然而风云突变，4月9日，皇马做客伊杜纳信号公园球场，C罗因伤缺阵，多特蒙德一开始就发起猛攻。罗伊斯梅开二度，迪马利亚罚失点球，皇马的优势瞬间只剩1球。好在"银河战舰"防御机甲足够坚厚，在缺少C罗这门"重炮"的逆境下，球队全力退守。

终场哨响，皇马虽然此役以0比2不敌多特蒙德，但仍以总比分3比2淘汰对手，有惊无险地闯入欧冠四强。若非C罗缺阵，皇马不会陷入如此被动。如何摆脱的"C罗依赖症"，是安切洛蒂需要考虑的难题。

欧冠半决赛，皇马又遇到德甲球队实至名归的巨无霸——上届冠军拜仁。"南部之星"已提前7轮夺得德甲冠军，卫冕欧冠是他们当前首要任务。而此时拜仁主教练，正是皇马与 C 罗在西甲的"一生之敌"巴萨原主帅——瓜迪奥拉。

此时的瓜帅想以另一种身份对 C 罗与"银河战舰"痛下杀手。

拜仁以逸待劳，而皇马还有一场苦战——国王杯决赛。C 罗因为腹股沟伤势，也为不耽误欧冠，只能作壁上观。决赛第 10 分钟，迪马利亚就突至禁区左翼施射得手，皇马先声夺人，第 68 分钟巴尔特拉头球破门，为巴萨扳平比分。第 84 分钟，贝尔上演了惊世骇俗的"弯道超车"，打入制胜进球，皇马以 2 比 1 击败巴萨，夺得国王杯。

国王杯决赛算是为欧冠半决赛进行的预热，皇马真正的考验还是对阵拜仁。

2013/2014 赛季的西甲联赛结束，C 罗力压老对手梅西，以 31 粒进球的精彩表现荣膺西甲金靴。然而，此时西蒙尼少帅率领马德里竞技异军突起，打破皇马、巴萨双雄垄断西甲的传统格局，夺下联赛冠军奖杯，皇马仅以西甲第三的排名收官。

无缘西甲冠军，无暇遗憾，皇马此时最想要夺得的是欧冠冠军，象征全欧洲职业足球最高荣耀的大耳朵杯让所有球队和球员朝思暮想，皇马与 C 罗亦然。

截至半决赛之前，C 罗在 2014 年欧冠联赛中已经打入 14 粒进球，由于唯一的竞争者梅西领衔的巴萨已经在八强战中被淘汰出局，欧冠金靴奖归属 C 罗已没有悬念。

两年前在伯纳乌，皇马对阵拜仁先赢后输，败于点球大战。在那次失利后，皇马成了媒体口诛笔伐的失败者。而这一次，皇马迎来证明自己的绝佳良机。

欧冠半决赛首回合比赛，靠着本泽马的进球，皇马仅在伯纳乌主场以 1 比 0 小胜拜仁。刚刚伤愈复出的 C 罗表现平平，皇马知道这样的比分并不保险。

2014 年 4 月 30 日，欧冠半决赛第二回合的巅峰对决在安联球场打响。皇马排出最强阵容，"BBC"组合全员首发。而拜仁这边也不遑多让，罗本和里贝里的"魔鬼双翼"，随时准备从肋部内切，撕碎皇马的防线。这两支当时最强球队的对攻大战堪称"欧洲德比"，C 罗与里贝里的金球奖恩怨之争也是此战的另一个伏笔。

比赛开始，拉莫斯成为奇兵，他在第 16 分钟、第 20 分钟连续两次头球破门，让皇马在客场过早就两球领先。拜仁无奈大军压上进攻，后方空虚。第 34 分钟，"BBC"连线，贝尔在中路接到本泽马的传球后，突破至禁区前沿分球到左翼，C 罗跟进射门命中，打进皇马的第 3 球，进球后的 C 罗伸出五指以示庆祝，而场边的瓜帅多少有些颜面扫地。

第 90 分钟，C 罗更是上演了"贴地斩"的任意球破门，为皇马这次华丽的进攻盛宴画上了完美的句号。皇马以 4 比 0 赢得第二回合比赛的胜利，并以两回合总比分 5 比 0 淘汰上届冠军拜仁，昂首挺进欧冠决赛。

2014 年欧冠决赛的地点，定在里斯本的光明球场。

里斯本是 C 罗通往巨星之路的起点，而光明球场却曾是 C 罗的"伤心之地"。

十年前葡萄牙欧洲杯，就是在光明球场，查理斯特亚斯头槌破门，写就"希腊神话"的同时，也让葡萄牙"黄金一代"的谢幕时光伴随着一个失败的结局。当时还是"小小罗"的 C 罗留下伤心的泪水。而这一次，在光明球场、家乡父老的面前，C 罗又将面临一场惊心动魄的决赛，他决心带领皇马击败对手，绝不允许再失败。

葡萄牙首都里斯本的光明球场，曾见证过葡萄牙历史上的最佳球星尤西比奥的表演，而这一次，C 罗会是那只盘旋在光明球场上空的白色巨鹰吗？

欧冠决赛的对手不是别人，而是皇马最熟悉的对手，同城死敌——马德里竞技。

决胜光明顶

CRISTIANO RONALDO

2014 年 5 月 25 日，里斯本光明球场上演欧冠决赛，皇马对阵马竞。

这是一场"同城德比"，两支球队间根本无须试探，因为彼此太过熟悉。西蒙尼的马竞虽星味略显不足，但却极其富有侵略性和战术执行力，他们曾以简单粗暴的方式困锁 C 罗，能从皇马和巴萨的手中抢得西甲冠军，足见其强悍战力。

开场仅 9 分钟，马竞神锋科斯塔因伤被迫下场，但西蒙尼的球队进攻火力依然不减。比赛第 36 分钟，戈丁力压赫迪拉回头望月，将球顶向球门，此时已出击到小禁区外的卡西利亚斯奋力回追，将球捞出，但皮球已整体越过球门，马竞以 1 比 0 领先！

球员不是神，连"圣卡西"也出现失误，而失误偏偏出现在欧冠决赛上，那就极有可能是致命的，因为高手对决，胜负只在毫厘之间，一招足以。

比赛踢满 90 分钟，皇马仍以 0 比 1 落后。看起来，"银河战舰"的夺冠梦想要在这一夜戛然而止，而马竞似乎已开始捧杯庆祝预演。天不遂人愿，但人定胜天！

彼时，C 罗激励队友："我们要输了吗？不！我告诉大家，这是我们拿下第十座欧冠奖杯的最好机会，因为我觉得我们可以表现得更好。"

C 罗用不屈的斗志鼓舞了队友，不可思议的一幕终于上演。第 92 分 48 秒，一个白色身影高高跃起，将球顶进球门左下角，又是拉莫斯！！！

凭借拉莫斯的头球破门，皇马起死回生，1 比 1，比赛进入加时！

111

最后时刻丢球，近在咫尺的欧冠冠军奖杯却无法捧起，马竞球员濒临崩溃的边缘，而加时赛嗅到生机的皇马却变成嗜血的"鲨鱼"。比赛第 110 分钟，迪马利亚在左路连过三人切入禁区，小角度射门被库尔图瓦挡出，包抄门前的贝尔将球顶进球门，皇马以 2 比 1 反超比分。第 117 分钟马塞洛远射得手，3 比 1，皇马几乎锁定胜局。

第 119 分钟，C 罗突破禁区制造点球，并亲自主罚命中，完成了收尾的进球。

皇马在加时赛 9 分钟内连中三球，以摧枯拉朽之势摧毁马竞的防线。

最终比分是 4 比 1，皇马取得了一场毫无争议的胜利。2014 年欧洲冠军联赛冠军，属于皇家马德里，这也是皇马队历史上第 10 座欧冠冠军奖杯。

C 罗作为领袖，率领"白衣军团"圆了一场十全十美的欧冠冠军梦。

对于 C 罗来说，在里斯本捧起欧冠奖杯，时隔 6 年再登欧洲之巅，无疑是完美的。当初那个稚嫩的马德拉男孩许下的诺言，终于得偿所愿，这一刻，C 罗似乎化身飞翔在光明球场上空的雄鹰，还要挑战更辽阔的苍穹。

如果一个人有天赋，有可能会成为一个天才球星；如果一个人努力奋斗，那么很有可能会战胜很多对手；如果一个人既有过人的天赋，又能够在前路上砥砺前行，那么，他的名字一定是克里斯蒂亚诺·罗纳尔多。

努力比天赋更可贵！C 罗就是这个信条的践行者。"持续保持高水平的表现，这不仅源于我先天的身体条件，更是我常年坚持不辍艰苦训练的成果。"

欧冠冠军奖杯给了 C 罗胜出梅西最重磅的筹码。

2014 年，C 罗将欧洲最佳球员、欧洲金靴奖、欧冠最佳射手、欧冠最佳球员、西甲金靴、西甲最佳球员等荣耀悉数拿了一遍，成为无可争议的世界最佳。

从 9 月到年底，C 罗更是领衔皇马创下

　　各条战线 22 连胜的辉煌战绩，让足球世界里的整个 2014 年成为只属于 C 罗的一年。

　　2014 年，29 岁的 C 罗出场 60 次，打进 61 球、助攻 20 次，是 2014 年世界足坛的头号射手。而在团队荣誉方面，C 罗则有"四冠王"（西班牙国王杯、欧冠冠军、欧洲超级杯以及世俱杯的冠军）加持。所以 C 罗毫无悬念地夺得 2014 年的金球奖，卫冕这项足坛最高个人荣誉之后，C 罗已收藏了三座金球奖杯，距梅西仅差一座。

　　安切洛蒂也为爱徒这一年的优秀表现打出高分："C 罗是一个天才，通过超乎常人的努力成为外星级人物，他的职业素养值得所有年轻球员学习。"

　　C 罗的家乡马德拉岛也为这位家乡英雄精心准备了一份贺礼——一个相当于 C 罗真人大小的雕像。其造型为 C 罗主罚任意球的经典动作，双脚开立、霸气外露。

　　在体育世界，为运动员树立雕像的例子比比皆是，可是大多数都是为退役的传奇球员而打造。而像 C 罗这样现役的球员得此殊荣，并不多见。这是 C 罗的幸运，更是球迷的幸福，这是马德拉人对于他们最出色的孩子的真心馈赠。

与恩师告别

CRISTIANO RONALDO

2014 年是世界杯年，世界杯是球星的试金石。皇马签下两名闪耀巴西世界杯的球星：冠军德国队的中场大将托尼·克罗斯和世界杯金靴奖获得者、哥伦比亚进攻核心哈梅斯·罗德里格斯。为了签下这两位强援，皇马送走了阿隆索和迪马利亚。

对于安切洛蒂来说，必须依旧以 C 罗为核心，带领 7 亿欧元打造的豪华阵容完成卫冕欧冠的霸业，才算得上一个成功的赛季。

2014/2015 赛季西甲联赛第 1 轮，皇马赢得"开门红"，在主场以 2 比 0 战胜"升班马"科尔多瓦，C 罗在终场前奉献绝杀。第 2 轮，皇马客场挑战皇家社会，C 罗因腹股沟伤势而休战，人们相信皇马这柄"白色圣剑"即使缺少最锋利的剑尖，依然可以轻松拿下对手，上半场拉莫斯和贝尔的进球似乎也印证了这一观点。

但下半场风云突变，两球落后的皇家社会吹响反击号角。马丁内斯、贝拉各入一球，祖鲁图萨梅开二度，皇家社会最终完成大逆转，以 4 比 2 击败皇马。

联赛第 3 轮，皇马又输给了"同城死敌"马德里竞技。

痛定思痛的安切洛蒂开始变阵，他让新加盟的哈梅斯·罗德里格斯（简称 J 罗）位置更往左路靠，以填补马塞洛和 C 罗之间的空档。C 罗的任务变得更加明确，就是不停地接队友们的传球，然后将它们踢进对手的大门。

2014 年 9 月 17 日，欧冠联赛小组赛首轮，皇马以 5 比 1 狂胜"瑞士班霸"巴塞尔，C 罗一传一射，展现出皇马之王的气质。随后"白衣军团"打出一波惊人的 22 连胜。这其中的代表作，就是联赛第 9 轮主场拿下"红蓝军团"的比赛——C 罗点球命中，皇马也在主场 3 比 1 击败了老对手——巴萨。

C 罗发挥得越好，安切洛蒂也就越不会换下他，更不会更换其他与 C 罗配合默契的球员，这就为下半赛季安切洛蒂的溃败埋下了伏笔。但在当时，全世界没有一个人觉得这会有什么不妥，因为人们喜欢看"伯纳乌之王"的表演。

C 罗还能像超人一样不断进球，但是熟悉 C 罗跑位的莫德里奇、马塞洛等人却不能保证时时全勤，尤其是莫德里奇在国家队比赛中受重伤之后，C 罗不得不和本泽马屡屡回撤拿球，进攻效率大打折扣。

　　C 罗在关键位置的触球次数和射门次数急剧减少，加上安切洛蒂疏于轮换，让皇马这些首发球员进行了超负荷比赛，当时胜利的欢愉也掩盖了潜在的危机。

　　2015 年 1 月 5 日，皇马在客场以 1 比 2 被"蝙蝠军团"瓦伦西亚掀翻，连胜场次自此定格在 22 场。三天后的国王杯 1/8 决赛，马竞"圣婴"托雷斯开场闪击，皇马最终客场以 0 比 2 败北。回到主场的皇马未能成功翻盘，以 2 比 2 平被同城死敌淘汰出局。

　　紧接着在 3 月 8 日西甲第 26 轮，皇马在客场挑战"巴斯克雄狮"毕尔巴鄂竞技的比赛中，老将阿杜里斯的致命头槌又让"白衣军团"吃到闭门羹，22 连胜时积攒的联赛积分优势在一个月内瞬间缩水至 2 分。C 罗因为要分心防守和跑位，而导致在强强对话中表现不佳。皇马也因为前后场频频脱节，导致被对手屡屡偷袭得手。

　　2015 年 3 月 11 日，欧冠 1/8 决赛的次回合比赛，皇马竟然在主场以 3 比 4 负于沙尔克 04，那可是一年前被自己 6 比 1 暴揍的对手。好在主客两场凭借 C 罗的 3 粒进球，皇马以总比分 5 比 4 惊险淘汰沙尔克 04，即便如此，质疑安切洛蒂的声浪也逐渐变大。

　　2015 年 3 月 23 日，皇马再次迎来"国家德比"。虽然 C 罗在第 32 分钟接本泽马的

助攻帮助皇马扳平比分，但最终还是被苏亚雷斯攻进制胜球，1比2不敌巴萨。

自此一役，巴萨正式在西甲联赛赛场反超皇马。虽然之后C罗表现神勇，对阵格拉纳达上演"五子登科"，率队踢出9比1的悬殊比分，虽然C罗在皮斯胡安球场上演"帽子戏法"，扛着皇马在客场全身而退，但他们身前的巴萨也一直没有犯错，"银河战舰"最终没有赶超"梦幻军团"，目送巴萨再一次夺得西甲冠军。

联赛、杯赛双双折戟，卫冕欧冠成为皇马人唯一的希望。欧冠半决赛皇马对垒"意甲霸主"尤文图斯。2015年5月6日首回合都灵对决，比赛第8分钟，那位曾经的"伯纳乌希望之星"莫拉塔反戈一击，在小禁区后点左脚补射，攻破老东家的大门。

第27分钟，C罗在门前接J罗传球，头球破门，将比分扳成1比1平。第58分钟，特维斯点球命中。最终，尤文图斯在主场以2比1击败皇马。

一周后再战伯纳乌，比赛第23分钟，C罗命中点球。皇马将总比分扳成2比2平的同时，又有客场进球的优势，晋级在望。然而第57分钟，又是莫拉塔，在小禁区线附近接博格巴的头球摆渡，左脚凌空抽射破门。凭借莫拉塔的进球，尤文图斯彻底击碎了"银河战舰"的卫冕梦想，以总部分3比2淘汰皇马、晋级欧冠决赛。

虽然C罗在主客场均收获进球，但这不足以帮助战舰续航。最后在欧冠战线上以如此唏嘘的方式卫冕失败，高开低走的皇马不得不接受一个四大皆空的结局。

皇马战绩低迷，首当其冲的焦点便是主帅安切洛蒂。一时间战术呆板、轮换不畅、调整不利都成为安帅的弊端，媒体的口诛笔伐不绝于耳。而在那段时间，命运之神仿佛也不再垂青皇马，从22连胜到三线溃败竟然是同一个赛季，也许，这就是足球！

如此大的心理落差，让皇马主席弗洛伦蒂诺无法接受。2015年的休赛期，"老佛爷"迫切要做的第一件事，就是免去安切洛蒂的皇马主教练一职。

2014/2015赛季，巴萨加冕了"三冠王"。西甲联赛最后一轮，C罗的落寞神情，令无数皇马球迷为之心碎。可以确定的是，梅西已经在金球奖评选中占得先机。

安切洛蒂挥手离去，作为安帅的"最佳弟子"，C罗力挺这位恩师："您是一位伟大的教练、了不起的人物。希望今后有缘，我们还能一起合作。"

"老好人"安切洛蒂，或许是最让皇马球迷舍不得的主帅。但在皇马，成绩永远是唯一的硬道理。一张言简意赅的逐客令，是"老佛爷"给安切洛蒂的最后一份礼物。

第八章
欧罗巴之巅

终 极 刺 客 ：C 罗 传

齐祖挂帅

CRISTIANO RONALDO

安切洛蒂离开皇马之后，弗洛伦蒂诺选择一位马德里本土教练——拉法·贝尼特斯作为继任者。这位西班牙教练从 26 岁就开始负责皇马青训的工作，34 岁成为皇马 B 队主教练，随后作为皇马一线队的助教随队四处征战，是一名"纯粹"的皇马人。

贝尼特斯不是安切洛蒂，安帅性情温厚，贝帅个性刚强。在贝尼特斯看来，教练要有绝对掌控球队的权力，这是获胜的关键。

贝尼特斯上任，立刻就进行"去安切洛蒂化"的战术改革。安切洛蒂打造的 4-3-3 阵形被他完全无视，强行启用自己惯用的 4-2-3-1 阵形。在这套阵形中，中场后腰球员难以给进攻端形成有效支持，直接影响锋线的发挥。于是贝尼特斯想要重设核心，甚至想直接拿掉 C 罗，尽管 2014/2015 赛季"四大皆空"，但皇马远没有到需要重建的地步。在贝尼特斯的新体系中，C 罗在核心位置出现危机，贝尔的地位则扶摇直上。

纵观 C 罗的职业生涯，很少对教练进行评价，但在贝尼特斯掌舵皇马的时期，C 罗不止一次发声，"安切洛蒂依然是最棒的教练""非常怀念和安切洛蒂合作拿下欧冠的时光"。这些声音似乎都透露出一个信息——C 罗对贝尼特斯是有怨言的。

在将帅艰难磨合的过程中，贝尼特斯率领的皇马坐镇伯纳乌，迎来缺少梅西的巴萨，球队却在主场以 0 比 4 惨败，C 罗更是浪费了一次绝佳的单刀机会。并非 C 罗在关键时候发挥失常，而是球员缺乏稳定的队友支撑来维持个人状态。

在贝尼特斯麾下，不管是克罗斯、莫德里奇还是 J 罗等球员，都没被打造出一套合理且明确的中场体系，这一点直接导致"BBC"在不擅长的地方发挥自身弱点——凭个人能力单打独斗。

"BBC 组合"中，最具备个人持球能力的 C 罗当时已经 30 岁，而稍微年轻的贝尔则急需中场球员的保驾护航。球队在中场无优势、锋线缺乏支持的情况下，主场惨败于死敌巴萨，教练的责任就显得尤为明显。

在人员齐整的情况下皇马惨败给巴萨，让贝尼特斯彻底失去了对球队的控制，包括与球员的关系。毫无章法的混乱战术、教练的一意孤行，让皇马处在了崩盘边缘。从佩莱格里尼换到安切洛蒂执教，C罗都是皇马当仁不让的核心。然而在贝尼特斯眼中，葡这位葡牙巨星却成为可有可无的一员，这无疑昭示着贝帅必须离去。

在0比4耻辱性地输给巴萨的42天后，贝尼特斯离开了伯纳乌。

就在这样一片混沌之中，2015年过去了。每一位皇马球迷都在怀念一年前的22连胜和无所不能的"CR7"。在FIFA年终庆典上，梅西举起自己的第五座金球奖奖杯。考虑到C罗已到而立之年，再无敌也敌不过时间的侵袭，于是舆论预测梅西将从"绝代双骄"的争霸中脱颖而出，成为世界唯一的王者。

皇马帅位悬而未决。人们纷纷猜测，又是哪位世界级名帅将空降伯纳乌？

2016年1月5日，皇马宣布："银河战舰一期"核心——传奇巨星齐达内成为球队的主教练。"齐祖"当选，让C罗等皇马球员欣喜不已！

球员时代，齐达内就是冠军收集者。欧冠决赛上那一脚"天外飞仙"，成为永恒的经典记忆。他为皇马效力5个赛季，作为"银河战舰一期"的核心，齐达内是唯一一个能够在伯纳乌退役的巨星。

当2005/2006赛季，伯纳乌全场球迷高举5号球衣，用"巨星礼"的方式送别齐达内时，

没有人会想到，将来的"齐祖"会以另一种身份在皇马延续新传奇。

尽管齐达内有着光芒万丈的球员生涯，但作为教练资历尚浅。此前的他没有执教过任何职业一线队，如今起步便执掌豪门皇马，其未来还是让人感到扑朔迷离。

其实，齐达内退役后一直在皇马积累教练经验，2010 年他担任穆里尼奥的特别顾问，2013 年出任皇马的助理教练，2013/2014 皇马欧冠夺冠赛季，齐达内已经在主教练安切洛蒂身边起到举足轻重的作用。

齐达内一直被皇马当作自己的"瓜迪奥拉"来培养，2014 年 6 月至 2016 年 1 月，齐达内执教皇马 B 队取得 26 胜 17 平 14 负的战绩。他接替贝尼特斯成为皇马主教练也是顺理成章的事。瓜迪奥拉亲手打造了"梦三"，齐达内也将缔造"欧冠皇朝"。

齐达内走马上任之后，先平复了更衣室矛盾以及队内浮躁情绪，有效保存了"银河战舰"的基础实力。作为皇马名宿、金球奖获得者、世界杯和欧洲杯双料冠军功臣，齐达内辉煌的球员履历足以令皇马众将心悦诚服。让自己的队员们心悦诚服，主教练才能指挥自如、如臂使指，在新的教练岗位上，齐达内将要创造新的奇迹。

发轫第二春

CRISTIANO RONALDO

最是一年春好处，绝胜烟柳满皇都。C罗唤醒春天的第一步，是听从新帅齐达内的建议——接受解轮制度。从2009年加盟皇马以来，C罗很少进行轮换，超负荷的比赛让疲惫与伤病随之而来，严重影响C罗的比赛状态。

2009/2010赛季欧冠小组赛皇马对阵马赛，C罗被迪亚瓦拉飞铲造成脚踝受伤，休战近3个月。那个赛季C罗连续出战，导致左膝髌骨肌腱炎伤势恶化，尽管没错过那年的欧冠决赛和世界杯，不过带伤上阵还是影响了他的表现。2014/2015赛季西甲联赛第34轮，皇马对阵比利亚雷亚尔，C罗又拉伤了大腿肌肉。

C罗在2014年和2015年两次受伤，间隔20个月。而在这个时间段内，C罗合计出战了94场比赛，只缺席了其中4场。追求全勤的精神固然可嘉，但这也直接导致C罗在2014/2015赛季末期冲刺时疲惫不堪，影响了皇马的战绩。

人的体能储备是有极限的，C罗的身体已达到承受的极限。要想找回之前风驰电掣的"满血"状态，加强球员无球跑位，是齐达内激活C罗的灵丹妙药。

年过30的C罗不可避免地面临衰老与伤病，怎样延续C罗的巅峰生涯？成为齐达内亟待解决的问题。球员时期的齐达内在"高龄期"依然保持良好竞技状态，所以他深谙"常青"之道。齐达内给C罗提出了一个建议："适当轮换（战略性放弃一些比赛），增加无球战术、减小负荷、卸去繁杂、突出重心，你就能保持更久巅峰状态。"

C罗愉快地接受了齐达内的建议，而后者也重新明确C罗的皇马核心地位。

投桃报李，像齐达内与C罗这种人中龙凤，殿堂级的师徒，有的只是相互信任、彼此激赏、团结合作、教学相长。

在齐达内的调教下，C罗渐渐找回大杀四方的状态。2016年2月18日，欧冠1/8决赛首回合比赛，皇马远赴奥林匹克球场挑战罗马，C罗用一脚无解的远射破门，率领皇马走出了"54年客场不胜意甲球队"的怪圈。

3月9日，回到伯纳乌，C罗依然没有给"红狼"任何机会。一脚写意的推射，彻底宣判了罗马人的死刑。这是C罗的第90粒欧冠进球，这场胜利也终结了球队连续8

次被意大利球队淘汰的尴尬纪录。两回合4比0，"银河战舰"强势挺进八强。

2016年4月7日，欧冠1/4决赛首回合比赛，皇马客场挑战沃尔夫斯堡。4天前，皇马刚刚经历一场"国家德比"。虽然本泽马与C罗先后建功，皇马以2比1取得胜利，但也让"银河战舰"油尽灯枯。这场欧冠首回合比赛，皇马0比2败给沃尔夫斯堡。

2016年4月13日，1/4决赛第二回合移师伯纳乌。比赛第16分钟到第18分钟，短短88秒时间，C罗头顶脚踢，用两粒进球抹平了首回合的分差。

下半场，C罗再展任意球绝技破门，用一个无解的"帽子戏法"，将挑战者沃尔夫斯堡"斩于马下"。那一夜，C罗在伯纳乌球场尽情怒吼，接受全场观众的膜拜。

皇马杀入欧冠半决赛，并在两回合以1比0小胜曼城，时隔两年再次站在了欧冠决赛的赛场上。作为久经沙场的老将，齐达内赢得过世界杯决赛、欧洲杯决赛、欧冠决赛，他自然知道这样的大场面下，他能为球员们带去什么。

2016年5月29日，欧冠决赛在米兰的圣西罗球场进行，皇马时隔一年后再次在欧洲之巅上遇到"同城死敌"——马德里竞技。

比赛第15分钟，拉莫斯接贝尔的头球摆渡，在门前将球捅进的大门，皇马1比0！

易边再战，马竞获得点球机会，格列兹曼主罚将球打在横梁上，皇马躲过一劫。

第79分钟，卡拉斯科抢点破门，顽强的马竞将比分扳成1比1平。

此后双方经过加时赛的鏖战依然未能再改写比分，比赛进入点球大战。前3轮双方全部命中，第4轮弗兰罚丢关键点球，C罗第五罚一蹴而就，皇马在点球大战中以5比3击败死敌。为皇马打进制胜点球的，正是无敌的"CR7"。

皇马夺得2016年欧冠冠军，也是历史上第11次获得此项至尊荣耀，再次拉大了与其他豪门俱乐部在欧冠冠军数量上的差距。

C罗也成为欧洲五大联赛历史上，第一个连续6个赛季联赛进球30+的球员，也是足坛有史以来，第一个连续6个赛季各线进球50+的球员。此外，这6个赛季中，C罗每个赛季的助攻次数也都达到了两位数。

当赛季在欧冠赛场，C罗便再次以16球加冕为欧冠最佳射手。同时，16粒进球也让这位葡萄牙射手成为史上首位两个赛季欧冠进球都达到15+的球员。第3次捧起欧冠奖杯，第5次获得欧冠最佳射手，这是一位现象级的超级巨星表现。

　　C 罗近乎现象级的发挥，收获了大量的褒奖，就连曾与罗纳尔多、劳尔、范尼这些神锋做过队友的齐达内也不禁感慨："只可惜，我在球员生涯没有碰上 C 罗。"

　　在媒体质疑 C 罗的时候，齐达内总能第一时间站出来支持他。将帅和睦，C 罗与齐达内之间的感情愈加深厚，C 罗的转型在这一过程中正式完成。

　　2016 年 11 月 7 日，皇马宣布和 C 罗就续约之事达成一致，新合同到 2021 年夏天，他年满 36 岁。据媒体透露，C 罗续约后年薪将达到税后 2000 万欧元。

　　2016 年对 C 罗的来讲，是非常关键的一年。C 罗在年底领取金球奖奖杯时，并没有像之前那样热泪盈眶，因为这一年的获奖似乎在意料之中。这是法国《队报》金球奖与国际足联"世界足球先生"分家的第一年，有人说，这样的改革终于让金球奖评选回到了正轨。改革后的第一届金球奖与"世界足球先生"都被 C 罗拿下，也说明了这位葡萄牙巨星的绝对能力。

　　皇马高举"大耳朵杯"的喜悦还未散尽，C 罗又马不停蹄去国家队报到，他即将踏上第 4 次欧洲杯的旅程，率领葡萄牙队去实现德劳内杯的未竟之理想。

欧洲杯征途漫漫

CRISTIANO RONALDO

2004 年，葡萄牙举办欧洲杯。对于克里斯蒂亚诺·罗纳尔多而言，那届欧洲杯意味着青春，当然，也意味遗憾。那是 C 罗代表国家队参加的第一次世界大赛。

C 罗代表国家队的比赛可以追溯更早，2003 年 8 月 20 日，葡萄牙队与哈萨克斯坦队进行一场友谊赛，18 岁零 6 个月的 C 罗身披 17 号战袍登场，虽然没有斩获，但此战作为 C 罗的国家队"处子秀"，被载入史册。

2004 年 6 月 13 日，欧洲杯揭幕战在波尔图巨龙球场打响。希腊队龟缩防守，葡萄牙队数次射门却无功而返，希腊队凭借一次反击和一个点球，以 2 比 0 取得领先。

主帅斯科拉里派上小将 C 罗，希望能加强攻势。C 罗也没有辜负主帅的信任，在最后一分钟接菲戈开出的角球头球破门。在大赛处子秀就取得进球，年仅 19 岁的 C 罗证明了自己，但改变不了战局。最终 1 比 2，东道主葡萄牙队首战即失利。

开门见黑，东道主小组出线悬念迭起。之后葡萄牙队通过苦战才以 2 比 0 艰难战胜俄罗斯队。最后一轮鲁诺·戈麦斯一剑封喉，葡萄牙队以 1 比 0 小胜西班牙队，晋级 8 强。

2004 年 6 月 25 日，欧洲杯 1/4 决赛，葡萄牙队对阵英格兰队。开场仅过两分钟，欧文就利用葡萄牙后卫失误上演"幽灵闪击"弹射得手，英格兰队取得梦幻开局。比赛第 82 分钟，替补登场的波斯蒂加头球破门，两队最终以 1 比 1 战平，加时赛里，双方各进一球，战成 2 比 2 平。凭借点球大战，葡萄牙队以 6 比 5 艰难战胜英格兰队，挺进半决赛。

半决赛葡萄牙队对阵荷兰队，成就了 C 罗扬名世界的一战。比赛第 25 分钟，"小小罗"在门前接到德科开出的角球头球得分。紧接着在下半场，"小小罗"一脚不经意的角球传球，成就了马尼 45 度角的惊世远射，皮球击中荷兰队的远门柱后，弹进球门。

东道主凭借"小小罗"的一传一射，以 2 比 1 淘汰荷兰，昂首挺进决赛。

赛后，"小小罗"成为葡萄牙人的新英雄。人们确信：属于葡萄牙队的新航海时代即将到来，而这位尚显稚嫩的葡萄牙新星日后加以打磨，必成大器。

2004 年 7 月 5 日，欧洲杯决赛，葡萄牙队迎战的是揭幕战的老对手希腊队。

揭幕战曾被希腊队击败的葡萄牙队立志要战胜对手捧起德劳内杯，但比赛进行到第 57 分钟，查里斯特亚斯的头球破门，让葡萄牙人的梦想化为泡影。

那一届欧洲杯最终希腊夺冠，没有人会想到一支替补参加欧洲杯的球队，却一路逆袭直攀峰顶。在光华绚烂的"希腊神话"背后，是葡萄牙"黄金一代"集体梦碎的身影，好在还有"小小罗"薪火相传。距离冠军奖杯仅一步之遥，彼时 19 岁的 C 罗哭成泪人。

4 年后的 2008 年，瑞士和奥地利合办欧洲杯。此时的 C 罗刚刚率领曼联夺得欧冠冠军，可谓风头正劲。在葡萄牙队，C 罗已经成为当仁不让的领军人。

2008 年 6 月 8 日，葡萄牙队首场以 2 比 0 轻取土耳其队，C 罗与进球仅差毫厘之间。第二场对阵捷克队，第 63 分钟，C 罗右脚扫射将足球打进球门左下角，帮助葡萄牙队打进反超比分的一球。伤停补时第 1 分钟，C 罗突入禁区，面对捷克队门将，无私横传给跟进的夸雷斯马，后者推射空门得分。C 罗一射两传，为葡萄牙队锁定胜局。当他与夸雷斯马连线的那一刻，令人不禁想起当年"里斯本双星"的青葱记忆。

2008 年 6 月 20 日 1/4 决赛，葡萄牙队面对德国队，C 罗和巴拉克在一个月前分别代表曼联与切尔西在莫斯科雨夜苦苦鏖战，如今又分别代表各自国家队直面相决。

比赛开始，德国队占据主动，前 26 分钟便以两球遥遥领先。

第 40 分钟，C 罗杀入禁区一脚远射，被门将莱曼扑出，努诺·戈麦斯补射得手，这几乎是 C 罗全场唯一的亮点。下半场，C 罗在"德国战车"的严密防守下碌碌无为，上赛季在各条战线叱咤风云的葡萄牙新 7 号，没能把英雄的力量带给国家队。

此后巴拉克头球破门，德国队将比分改写为 3 比 1。尽管葡萄牙队在 87 分钟由波斯蒂加门前冲顶扳回一分，但依然以 2 比 3 不敌对手，难逃被淘汰的命运。

4 年匆匆而过，2012 年波兰和乌克兰联合举办的欧洲杯盛宴正式上演。

2012 年 6 月 10 日小组赛，葡萄牙队首战，又以 0 比 1 败给老对手德国队，在"德意志战车"壁垒森严的防守下，C 罗的盖世绝技难以施展。

葡萄牙队第二战面对丹麦队，早早以 2 比 0 领先，却被对手连追两球。好在瓦雷拉

第 87 分钟的"救驾",才让葡萄牙队保留了晋级的火种。

6 月 18 日,最后一场小组赛,葡萄牙队对阵荷兰队。战败立即淘汰,范德法特远程发炮,轰开葡萄牙队的大门,1 比 0,荷兰队先拔头筹。

悬崖之上,无路可退!重压之下 C 罗挺身而出,在 28 分钟、74 分钟,连中两元。率领葡萄牙队以 2 比 1 逆转荷兰队。这也是 C 罗在国家队的第 33 粒和第 34 粒进球,并以两球优势压倒菲戈,位居葡萄牙队史射手榜第三位,仅次于保莱塔和尤西比奥。

6 月 22 日,葡萄牙队面对捷克队,C 罗在连续两次打中立柱之后,在第 79 分钟,终于用一个霸气十足的头槌敲开捷克队的大门。1 比 0,葡萄牙晋级半决赛。

半决赛葡萄牙队遇到老对手西班牙队。即使 C 罗足够强大,即使葡萄牙队同仇敌忾,双方在 120 分钟的比赛里依然胜负未决。点球大战,C 罗原本要压轴(最后一轮)出场。可阿尔维斯打中横梁后,2 比 4,葡萄牙队输掉比赛,C 罗竟然没有拔剑的机会。

葡萄牙队再一次被淘汰,正值巅峰盛年的 C 罗有心杀敌,却无力回天。那一夜他在顿巴斯竞技场仰天长啸,而后摇头叹息,久久不愿离去。

2016 欧洲杯

2016 年 6 月，又一届欧洲杯悄然到来。C 罗刚刚率领皇马举起象征欧洲至尊的"大耳朵杯"，稍作休整，又马不停蹄地率领葡萄牙队去征服欧罗巴的另一座高峰。

此时的 C 罗已经 31 岁了，正是足球运动员黄金年龄的后半程。两年前葡萄牙队在世界杯小组赛的出局经历还历历在目，为雪前耻，C 罗决心要率领葡萄牙队登上顶峰。

葡萄牙队作为种子队，与冰岛、匈牙利和奥地利队三支欧洲弱旅分到一组，其实力明显高出一筹，出线形势一片大好，然而事实并非如此。

2016 年 6 月 15 日，小组赛首战，葡萄牙队对阵冰岛队。冰岛，一个人口仅有 33 万的北欧小国，其国家队也没有著名球星压阵。在世人看来，这是一场没有悬念的比赛。然而，葡萄牙队却打了一场遭遇战，冰岛队的强悍与坚韧出乎意料。虽然纳尼的进球让葡萄牙队取得领先，但比亚尔纳松的进球为冰岛队逼平了葡萄牙队这艘巨舰。

C 罗在第一场状态平平，第二场对阵奥地利队表现依然低迷。尽管这场是他的第 128 场国家队比赛，使他超越菲戈成为葡萄牙队史出场次数最多的人。

葡奥之战，C 罗完成 10 次射门，却颗粒无收，甚至连主罚点球也被立柱弹出。

又一场沉闷的 0 比 0 平局，两战两平仅积 2 分，C 罗和葡萄牙队步入绝境。

6 月 22 日，小组赛第三场，葡萄牙队对阵匈牙利队，匈牙利队已积 4 分，葡萄牙队唯有取胜才能确保出线。如若打平，他们滑落至小组第三，出线要看他人脸色行事。

比赛开始，匈牙利队率先发难，第 19 分钟，格拉在禁区线外胸部停球随后起脚抽射，皮球贴着草皮钻进球门右下角，匈牙利以 1 比 0 领先。险境之下，C 罗终于站了出来，第 42 分钟，C 罗左肋直塞禁区，纳尼得球直接左脚低射近角得手，1 比 1 平。

下半时刚刚开场两分钟，茹扎克禁区右侧主罚任意球直接打门，皮球碰到戈麦斯的左肩变线入网，匈牙利以 2 比 1 再度领先。

第 50 分钟，马里奥右路传中，C 罗在门前脚后跟巧射打入远角，比分 2 比 2 平。

C 罗凭借这粒轻巧精妙的进球，成为首位连续四届在欧洲杯上破门的球员，并超越克林斯曼和克洛泽，成为首位连续七届世界大赛（世界杯和欧洲杯）进球的球员。

　　仅仅过了5分钟，茹扎克主罚任意球打在人墙弹回，他再度得球后内切，随后起脚射门，皮球碰到纳尼腿部变线飞入远角，3比2，匈牙利队再次将比分超出。

　　这粒丢球让C罗异常愤慨，心中怒火化成无穷战力。第62分钟，C罗高高跃起接到夸雷斯马的传中球，用一记回头望月头槌破门，为葡萄牙队第三度扳平比分。

　　终场哨响，葡萄牙队与奥地利队战成3比3平。C罗贡献两粒进球与一次助攻，一次次将葡萄牙队从死亡线上拉了回来。

　　自助者天助之。由于小组赛是24强进16，除了6组的前两名之外，还有4支成绩最好的第3名球队能够晋级，三战皆平的葡萄牙就是其中一个幸运的"第3名"。

　　生死之战，C罗表现堪称伟大，各大媒体不吝溢美之词。西班牙《马卡报》打出"救世主超级罗纳尔多"的标题，并赞叹道："在球队最需要拯救的关键时刻，又是C罗站了出来。"英国《每日邮报》则写道："C罗像超人一样回来！"

　　欧洲杯1/8决赛，葡萄牙队对阵克罗地亚队，C罗与皇马队友"魔笛"莫德里奇在欧洲杯赛场兵戎相见。这注定是一场拉锯战，双方常规时间战罢，比分依然是0比0。

　　比赛进入加时，第117分钟，C罗在小禁区小角度射门，克罗地亚门将勉强扑挡，拍马赶到的夸雷斯马近距离捡漏，头球顶入空门，终场前3分钟，葡萄牙队以1比0领先。

　　又是夸雷斯马和C罗，曾经的"里斯本双子星"在朗斯再次成功连线。

　　1比0，葡萄牙队终于熬到终场哨响，艰难地淘汰了克罗地亚队。下一场1/4决赛，他们面对的是由"神锋"莱万多夫斯基领衔的波兰队。

化茧成蝶

CRISTIANO RONALDO

2016 年 7 月 1 日，欧洲杯 1/4 决赛，葡萄牙队与波兰队狭路相逢。

开场仅 100 秒，"神锋"莱万就门前抢点推射破门，为波兰队首开纪录。

第 33 分钟，葡萄牙小将雷纳托·桑切斯接纳尼脚后跟传球，左脚大力抽射，皮球直挂死角。只有 18 岁 317 天的桑切斯也创造了欧洲杯淘汰赛的最年轻进球球员纪录。那一刻，我们也许想到 12 年前的 C 罗在大哥菲戈的带领下摧城拔寨。岁月流转，已成为球队新一代大哥的 C 罗，鼓舞着新生力量，继续为国家未竟的梦想而奋斗着。

90 分钟战罢，双方依旧战平，葡萄牙队创造了一个尴尬纪录：欧洲杯前五场比赛，没有在常规时间里战胜过任何一支球队。经过加时赛鏖战，比分依旧 1 比 1 平。

葡萄牙队与波兰队进入点球大战，C 罗第一个站上罚球点。4 年前的欧洲杯，也是点球大战，准备压轴出场的 C 罗还没来得及主罚，葡萄牙队就被西班牙队淘汰。如今面对相似的宿命抉择，这一次 C 罗要以最英雄的方式来改变命运。

C 罗冷静施射，波兰队门将猜错方向，皮球飞入球门左下角。随后波兰队长莱万也主罚命中，给予回应。随后三轮点球射门，葡萄牙队的桑切斯、穆蒂尼奥和纳尼都主罚命中，而葡萄牙门将帕特里西奥扑出波兰队的第四轮点球。最后夸雷斯马点球命中，葡萄牙队以 6 比 4 淘汰波兰队，艰难地挺进欧洲杯四强。

点球大战，不仅仅考验技术与战术，更考验意志与品质。所谓"强者运强"，并不是老天愿意帮助强者，而是必须自己做到足够强大，才能赢得更多命运垂青的机会。

2016 年 7 月 7 日，欧洲杯半决赛，葡萄牙队对决"红龙"威尔士队，这是一场皇马"神锋"的内战，"BBC"中的两位——C 罗和贝尔，在欧洲杯上演生死大战。

比赛第 49 分钟，格雷罗接角球短传后在左路传中，C 罗在小禁区前沿高高跃起头球攻门，皮球宛如出膛炮弹，轰开威尔士队的大门，葡萄牙队以 1 比 0 领先！

C 罗打进本届欧洲杯的个人第 3 粒进球，欧洲杯总进球达到 9 球，追平普拉蒂尼，并列为欧洲杯历史上进球最多的球员。

C 罗这粒金子般的头球也彰显出卓越的弹跳力。赛后《马卡报》称赞 C 罗这个头球

让历史都停留了几秒钟。都说人类不会飞翔，但 C 罗违反了那些定律，他停留在空中。

比赛第 53 分钟，葡萄牙队卷土重来。C 罗在禁区前沿突施冷箭，皮球经过纳尼铲射变线入网，葡萄牙队以 2 比 0 领先，并保持到终场，最终力克威尔士，距 2004 年之后，时隔 12 年再度闯入欧洲杯决赛。

在决赛中等待他们的正是本届欧洲杯的东道主，异军突起的"法兰西雄鸡"。

12 年前，同样是在欧洲杯决赛，同样是东道主，葡萄牙队还是与冠军失之交臂，C 罗也留下永久的遗憾。12 年后，C 罗等来了复仇的机会，他要率领葡萄牙队赢得这场欧洲杯的巅峰决战，在东道主的面前捧起德劳内杯。

2016 年 7 月 11 日，法国巴黎的法兰西大球场，万众瞩目的欧洲杯决赛蓄势待发。

为了德劳内杯，C 罗已经整整奋斗了 12 年。在最接近梦想的关键时刻，命运之神却再给了他一次残酷的考验。

比赛第 16 分钟，C 罗在一次拼抢中被帕耶撞到右膝，痛苦倒地的他显得非常沮丧。此时一只飞蛾落到他的脸上，让这一幕显得更加悲壮。C 罗选择像战士一样去战斗，经过简单包扎后，他左腿裹上的厚厚绷带，重新上阵，不过此时的他已步履蹒跚。

仅仅过了 6 分钟，C 罗在完成一次争顶之后，终究难以坚持比赛。他无奈地摘下队长袖标，再一次倒在草皮上。经过队医诊断后，C 罗还是被担架抬出场。像 12 年前一样，C 罗又在决赛中流下伤心的泪水，不过这一次的泪水中饱含着希望。

C 罗下场，胜负未决。葡萄牙队依然有夺冠的希望，虽然彼时大多数人都不这样想。

又是一场 90 分钟的苦闷平局，比赛不温不火，却暗流涌动。

加时赛中葡萄牙队踢得更好，C 罗拖着伤腿在场边不断激励队友。

比赛第 109 分钟，葡萄牙队天降奇兵，名不见经传的前锋埃德尔用一脚并不刁钻的远射，洞穿法国门神洛里的十指关。

1 比 0，葡萄牙队距离冠军的彼岸仅差最后 10 分钟。

法国队派上马夏尔试图加强攻击，但葡萄牙队众志成城地守住了最后这难熬的 10 分钟，用铜墙铁壁扼杀了东道主最后一丝希望。

葡萄牙队最终以 1 比 0 击败法国队，成为欧洲杯冠军。

尽管 C 罗不是决赛场上的主角，但这个冠军有他的一大半功劳。要不是 C 罗在之前的比赛中屡次力挽狂澜，葡萄牙队根本等不到决战的那一天。

化茧成蝶的神话，终于在这一天成真。那一夜，当 31 岁的 C 罗率领葡萄牙队登上欧洲之巅，再也没有人质疑 C 罗的王者地位。

那一夜，漫天的金色彩带缤纷落下；那一夜，C 罗再一次泪落如雨，不过那时的泪水中都是幸福与喜悦；那一夜，他将德劳内杯高高擎起又抱进怀里，久久不肯放下……

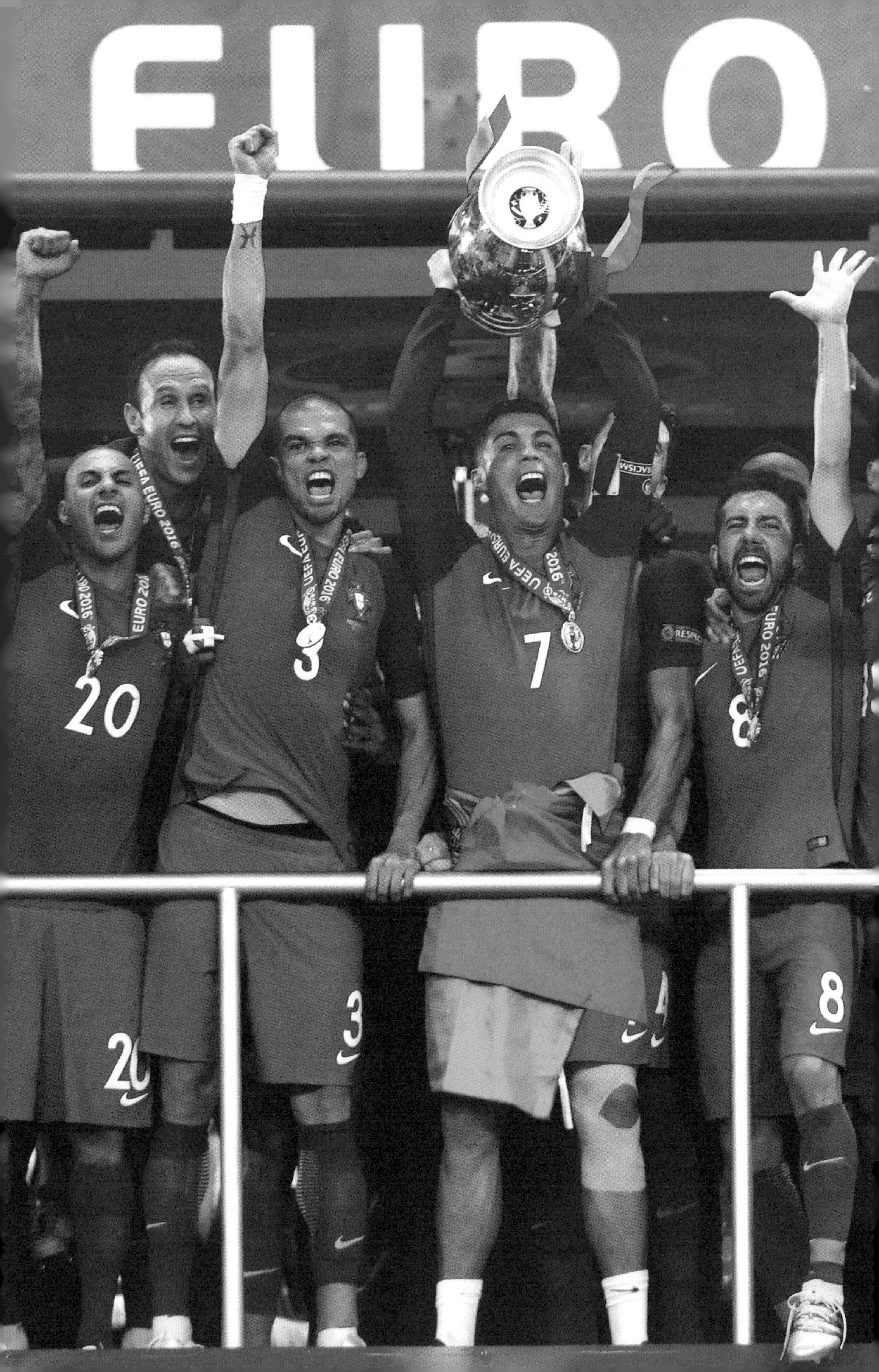
EURO
UEFA EURO 2016
20
3
7
8

第九章

金球传奇

终 极 刺 客 : C罗传

绿茵榜样

CRISTIANO RONALDO

　　2016 年 7 月，C 罗率领葡萄牙队夺得欧洲杯之后，又连续在 4 场（俄罗斯）世界杯预选赛中打入 7 粒进球。2016 年 10 月 8 日，葡萄牙队在一场世界杯预选赛中，以 6 比 0 大胜安道尔队，C 罗首次在国家队完成"大四喜"。整个 2016 年，C 罗为葡萄牙队出场 13 次，打入 13 球，他在俱乐部和国家队两条战线上都取得了丰硕的成果。

　　2016 年 11 月 20 日，西甲联赛第 12 轮，C 罗用"帽子戏法"超越传奇球星迪·斯蒂法诺，以 18 粒进球成为新的"马德里德比"射手王。

　　2016 年 12 月 18 日，世俱杯决赛，C 罗上演"帽子戏法"，率领皇马以 4 比 2 击败鹿岛鹿角，夺得世俱杯冠军，他也包揽了世俱杯金球奖与最佳射手两项大奖。

　　欧冠联赛冠军、欧洲杯冠军，C 罗分别率队在 2016 年举起这两座在欧罗巴至高无上的奖杯。再加个人的无懈表现，让 C 罗获得金球奖的概率大增。最终他获得 43.16% 的得票率，以绝对性优势力压内马尔与梅西，夺得 2016 年金球奖。

　　在"梅罗"争辉的时代，C 罗能第四次捧起金球奖杯，用他自己的话来说："源于一次次的专业训练、一次次的自律健身、一次次的健康饮食以及对这一切的持之以恒。"

　　C 罗在整个 2016 年，在各项赛事出场 57 次，打进 55 粒进球。年过三十的 C 罗依然保持如此高效，除了天赋之外，就是常年自律和勤奋的结果。

　　C 罗是职业球员的典范，他没有文身，滴酒不沾，不喝含咖啡因的饮料。他对于自己的食谱也有着严格要求，在他的食谱中，多数以合理热量搭配有机营养食品，这些都非常有利于运动员的身体机能恢复。此外，C 罗每天都确保 8 个小时的睡眠时间，以便让身体有充分时间恢复与保养，这让他在第二天拥有更好的体能储备。

　　除了平时衣食住行的科学自律，C 罗还是"健身狂人"，可以随时随地进行训练。在飞机上、在度假时，或者在家陪"迷你罗"时，健身已经成了 C 罗的生活常态。

　　据说 C 罗每天会做 3000 个仰卧起坐，通常是一边看电视，一边做仰卧起坐。在对身体素质的自我控制和要求上，C 罗已经近乎一个偏执狂。

　　当然，如果一味地高强度训练，也会过度消耗自己。随着年龄的增长，C 罗逐渐发

现了一些问题。譬如：过于繁重的力量训练，并不会对比赛有多大裨益，反而会增加受伤的风险。C 罗开始转型，进行科学的训练规划。2016/2017 赛季，齐达内也对 C 罗进行了科学的比赛规划，譬如：严格控制出场时间。

2016/2017 赛季，C 罗在皇马的各项赛事中，近乎缺席了 1/5 场次的比赛，而缺席的这些比赛中真正因伤缺阵的只有 4 场，其余都是齐达内的"安排需要"。这是 C 罗加盟皇马以来，第一次在赛季中有如此大的轮休幅度。

世俱赛夺冠之后，"罗总裁"就开启了度假模式。虽然没有 C 罗的皇马会输掉一些比赛，但换来 C 罗养精蓄锐的宝贵时间，为赛季末蓄满能量，也为皇马在 2016/2017 赛季卫冕欧冠冠军，以及包揽西甲、世俱杯冠军打下良好的基础。

顶级球员在职业生涯的不同阶段都会有要"证明"的新东西——随着年纪的增长，C 罗的速度和爆发力都不复当年，但局势的判断、比赛的经验、关键球处理等技巧，却愈老弥坚。曾经的 C 罗看重个人数据，如今已经 32 岁的他为了团队利益，明白自己要承担的责任，从进球机器到统领全队，这种转型也是延长其职业生涯的必要一步。

从数据上来看，C 罗在进球效率上比前几年要略有下降，但是这并不意味着他带给

对手的威胁有丝毫减少，而且更全面。C 罗的好胜心从未消退过，但是他开始将这些好胜心更集中地展现在对团队胜利的渴望上。

齐达内对皇马轮换和阵容深度进行调整，让他们可以从容地踢着没有 C 罗的足球。在压力减小的情况下，C 罗反倒能够更多地参与组织进攻的工作，对球队施加更为全面的影响力，少了不少个人主义色彩。这种球队与巨星之间的互惠关系，既和齐达内的调教有关，也和 C 罗自己的适应调整有关。我们现在看到的是一个不一样的 C 罗，一个身体层面和精神层面都不一样的"伯纳乌之王"。

C 罗在加入皇马 7 年后，终于在 2016 年成就了"三冠王"（欧冠冠军、欧洲超级杯冠军以及世俱杯冠军）伟业，而皇马也成为获得世俱杯次数最多的球队。

2016 年属于皇马，也属于 C 罗。三次决赛，皇马都和对手踢到了加时赛，但正是有像 C 罗这样的对胜利有执念的球员，才令皇马在三次决赛中都笑到了最后。日复一日对胜利的执念，让 C 罗终于开启了自己的时代。

在 2017 年新年的第一场比赛赛前，C 罗带着 4 座金球奖奖杯来到伯纳乌展示，全场观众举起金色的纸片，与 C 罗四座金灿灿的奖杯遥相呼应。

浴火重生

C罗除了学会轮休之外，还主动转型。让一名拥有十多年球龄的球员在短时间内放弃原有的技术特点、习惯风格和肌肉记忆，是非常难的一件事，而C罗做到了。

踢球风格和场上位置，而是从长期的比赛和训练中摸索而来的，想要改变并非易事。自从加盟皇马以来，C罗的射门数据一直非常高，鼎盛的时期，场均达到10次左右。然而自从齐达内执教之后，C罗场均射门下调到6次上下。

力量曾经是C罗的标志，初到皇马时，他很喜欢标志性的禁区外内切大力劲射。但C罗不属于纯粹的力量型前锋，更接近强力边锋，不能做支点型前锋使用。为了长期保持好的状态，C罗开始减重，重新找回轻盈的踢球方式。他解锁了更多射门技能，减少用蛮力冲击球门的打法，更多用经验和技巧摆脱防守，选择更好的射门时机。

从射门分布来看，C罗的场均射门位置更接近禁区，这有利于C罗把最强的力量用到最关键的地方，减少了反复冲刺所带来的身体损耗。"越靠近禁区就越容易破门"，这是足球场上颠扑不破的真理，站在禁区内的C罗才更有威胁。

C罗有意减少了射门次数，增加了传球的次数，与球队进一步融合。

在场上，C罗能依靠自己无解的终结能力直接破门得分，也可以利用自己超强的突破能力送出致命助攻。准确地说，转型后的C罗在个人进球数并没有陡然下降的同时，还策动全队进攻能力得到提升，传射俱佳，C罗在职业生涯中又一次浴火重生。

转型的成功，让C罗在2017年继续绽放光芒。2016/2017赛季西甲第16轮补赛，在面对瓦伦西亚的比赛中，C罗完成了个人在皇马生涯的第700场比赛，在这700场比赛中，C罗打进了509粒进球，还贡献了177次助攻。

2016/2017赛季结束，皇马最终以3分的优势力压巴萨，重夺西甲联赛冠军。这是自2011/2012赛季之后，时隔5年皇马才再一次打破巴萨的统治，问鼎西甲。

这5年来，C罗已经不再是当初那个一心进球的射门机器，而是皇马的领袖，是当仁不让的战术核心，是教练最信赖的终结者，是全方位的传奇巨星。

2016/2017赛季欧冠联赛，皇马踏上卫冕征途。小组赛面对多特蒙德、葡萄牙体育

和华沙莱吉亚，C罗养精蓄锐，只交出6场比赛2粒进球的答卷。

欧冠1/8决赛，皇马以总比分6比2击败那不勒斯，轻松晋级8强。进入8强之后，皇马迎来真正的劲敌——拜仁慕尼黑。C罗面对昔日恩师安切洛蒂执教的"德甲巨人"，默默地打开了自己的进球账户。

2017年4月13日，欧冠1/4决赛首回合，皇马客场挑战拜仁。比赛第25分钟，拜仁悍将比达尔头球破门，皇马落后一球。危急时刻C罗挺身而出，第47分钟他中路抢点摆射入网，第77分钟他又在门前接球铲射破门，用两粒金子般的进球，率领皇马在安联球场收获一场宝贵的客场胜利。凭借梅开二度，C罗也成为首位欧战百球先生（欧冠97球、欧洲超级杯2球以及欧冠资格赛1球。）。

一周后回到伯纳乌，次回合决战打响。拜仁大举进攻，率先通过点球破门得分。

C罗临危不惧，用头球扳平比分。此后莱万杀入禁区，皇马后卫自摆乌龙，拜仁又领先一筹。随后C罗又连进两球，用"帽子戏法"给予无情的回击。

最终皇马以4比2赢下此战，以总比分6比3淘汰拜仁，挺进欧冠半决赛。

两场比赛，C罗5次洞穿对手城池。更可怕的是，身为唯一的欧冠百球先生，C罗今后每攻入一粒欧冠进球，便是重塑一座新的高峰。

对此，C罗阐述道："我一直相信自己会成为打进欧战100球的第一人。这是我职业生涯中最美妙的时刻。"C罗说出这句话，不是自傲、不是自负，而是自信，他在陈述一个事实，因为他可以做到。

2017年5月3日，欧冠半决赛首回合，皇马面对同城死敌马竞，历来火爆且焦灼的"马德里德比"大戏被C罗一个人搅黄。这位葡萄牙巨星用"帽子戏法"终结了比赛的悬念，"马德里德比"变成了C罗一个人的"独角戏"。

自此，C罗在欧冠比赛中完成了7次"帽子戏法"，再次创造了新纪录。

欧冠半决赛两轮战罢，"银河战舰"最终以总比分4比2淘汰"床单军团"，连续两年闯入欧冠决赛，作为上届冠军，皇马志在卫冕。在他们的面前，是意甲豪门尤文图斯，这将是一场世界足坛最高水平的"攻防"大战。

破咒卫冕

2017年6月4日，欧冠联赛在威尔士卡迪夫千年球场上演巅峰对决。决赛的双方分别为上届欧冠冠军皇马与"意甲六连霸"尤文图斯。

回首两队在2016/2017赛季的欧冠征程，"银河战舰"在12场比赛中打进32球，其进攻火力天下无双。"斑马军团"则金身不败，战绩为9胜3平，是本赛季欧冠唯一一支保持不败的球队。他们的比赛就是最锋利的矛与最坚固的盾之间的对决。

上届冠军不能卫冕？这似乎已经成为欧冠赛场的一个"魔咒"。因此，皇马着实承受了巨大的压力，而更大的压力来自尤文图斯的进攻。

"斑马军团"一开场便出乎意料地发起强攻，一度攻势如潮，皇马在开场前10分钟内一直处于被动防御状态，门前险象环生。

C罗在第7分钟才第一次触球，但沉默的他却拥有恐怖的力量，宛如一座随时爆发

的火山。比赛第 20 分钟，皇马发起反击，C 罗拿球后吸引尤文队的防守，分球至右路空当。卡瓦哈尔及时插上，顺势"倒三角"传入禁区，C 罗中路插上，接球推射，皮球越过门将布冯，直钻球门左下死角。皇马以 1 比 0 领先。

　　这粒进球，很好地反映出皇马团队的进攻模式，C 罗在其中扮演着终结者的角色。

　　比赛第 27 分钟，曼朱基奇禁区内接应伊瓜因传球背身胸部停球，旋即踢出一记精彩绝伦的"倒挂金钩"，皮球画出美妙弧线越过纳瓦斯头顶飞入网窝！凭借这个神来之笔，尤文图斯将比分扳成 1 比 1 平。

　　下半场，尤文图斯出现体能下滑，防线出现松动，皇马不会放过这种良机。比赛第 61 分钟，卡塞米罗在门前 27 米处轰出一脚"世界波"，皮球钻入尤文的球门右下角。

　　尤文图斯再次落后，重燃斗志，大举进攻，将比赛节奏掌控在手中。似乎一切都在往有利尤文的方向发展，然而，怎奈最强之人 C 罗在皇马阵中。

　　第 64 分钟，莫德里奇底线传中，C 罗从右翼插上，在门前抢点，小角度将皮球弹射入网，布冯只能望球兴叹，这位在欧冠淘汰赛阶段一路零封对手的传奇门将瞬间心里

"破防"。而 C 罗凭借着"灵犀一指",在总决赛的舞台上梅开二度。

皇马以 3 比 1 领先,尤文图斯难燃斗志。第 90 分钟,马塞洛突底线传中,阿森西奥在门前包抄推射破门,皇马最终以 4 比 1 大胜尤文图斯,夺得 2017 年欧冠冠军。他们打破魔咒,成为欧冠改制之后第一支卫冕的球队,完成了 4 年 3 冠的欧冠神迹。

毫无疑问,C 罗就是此届欧冠决赛中最闪亮的球员。

回首 2016/2017 赛季的欧冠之路,C 罗低开高走,在小组赛只打入 2 球的情况下,在淘汰赛疯狂斩获 10 球,其中包括疯狂的连续帽子戏法,最终打入 12 粒进球,超越了梅西的 11 粒,连续第 5 个赛季获得欧冠最佳射手。同时,C 罗还以 105 粒欧冠进球,领先梅西(94 球),成为欧冠历史总射手王。此外,C 罗已在三届欧冠决赛中都收获进球,堪称欧冠决赛的"杀手之王"。

随着年龄增长,收敛锋芒的 C 罗更为高效。他的大部分进球都只用了一脚触球,这种"轻松"的进球方式能够更加合理分配体力。在最关键的时候,C 罗依然可以比顶尖的防守球员还要敏捷,还要凶悍。

皇马历史上第 12 次高举大耳朵杯,卡迪夫千年球场那一夜的一切宛如梦幻,一切又似乎是那么顺理成章。

冰火两重天

CRISTIANO RONALDO

2016/2017 赛季繁华落幕，2017 年 7 月，C 罗又随葡萄牙队征战联合会杯，并在联合会杯上收获了处子进球。对阵新西兰队，C 罗打进点球，国家队总进球数达到 75 个，追平柯奇士，升至（欧洲）国家队总射手榜第二位，第一名为普斯卡什（84 球）。

2017 年 8 月 5 日，C 罗回到皇马，此时距离 2017/2018 赛季第一战——欧洲超级杯打响已不足四天。因为与皇马合练的时间太短，C 罗在比赛的第 83 分钟才替补出场，虽然没有攻破老东家曼联的大门，但他的状态尚佳。

2017 年 8 月 14 日，皇马与巴萨的西班牙超级杯首回合交锋在诺坎普打响。比赛第 49 分钟皮克自摆乌龙，皇马以 1 比 0 领先。第 76 分钟，梅西点球扳平比分。仅过 3 分钟，C 罗就高速内切远射，轰出一脚"世界波"破门。这是 C 罗第 396 次代表皇马出场，追平迪·斯蒂法诺保持的皇马出场纪录。值得一提的是，"金箭头"在 396 场打进 307 球，而 C 罗在 396 场打进 407 球，相同场次足足多出 100 粒进球。

进球后的 C 罗脱衣庆祝，高高举起自己的 7 号球衣，此举无疑是在回应梅西。2017 年 4 月 24 日，梅西在伯纳乌（比赛 91 分钟）攻入制胜球，绝杀皇马后，他高举自己的 10 号球衣。如今 C 罗用同样的方式进行反击，留下了"绝代双骄"时代的经典一幕。

脱衣庆祝的动作让 C 罗领到一张黄牌。仅仅过两分钟，C 罗突入禁区与乌姆蒂蒂碰撞后摔倒，裁判没有判罚点球，而是向 C 罗出示黄牌。两黄变一红，C 罗被罚下！

客观来讲，判罚 C 罗假摔过于严苛，毕竟在高速奔跑中任何轻微接触都可能导致摔倒。而且从慢镜头看到，乌姆蒂蒂的左手确实搭在 C 罗的肩上有一个轻微的推搡动作。

受罚后的 C 罗上前解释，无意识地伸手推了裁判一把。正是这一推，让 C 罗停赛 4 场。他不仅无缘西班牙超级杯的次回合，还错过西甲新赛季的前四场比赛。

缺少 C 罗的日子里，皇马陷入了麻烦，虽然拿到西班牙超级杯，但在西甲联赛的前 4 轮，皇马仅取得 2 胜 2 平的战绩，相比开局四连胜的巴萨，已落后了一个身位。C 罗的缺阵，令皇马锋线"把握机会能力差"的弱点无限放大。

2017 年 8 月 25 日，欧洲足联颁奖典礼，还在禁赛期间的 C 罗当选了 2016/2017 赛

季的欧足联最佳前锋，并蝉联了欧足联年度最佳球员。个人荣誉的丰收也激发了 C 罗，虽然无法在西甲联赛中登场，但他在欧冠小组赛首轮与希腊人竞技的比赛中，梅开二度，将自己的欧冠总进球数扩大到 107 球，继续领跑欧冠总射手榜。

2017 年 9 月 27 日，欧冠小组赛第 2 轮，C 罗再次梅开二度，率领皇马攻陷伊杜纳信号公园球场；第 5 轮皇马客场狂胜希腊人竞技，C 罗又一次完成双响。欧冠小组赛战罢，C 罗成为欧冠历史上首位 6 场小组赛场场进球的球员。

9 月 21 日，西甲联赛第 5 轮，C 罗解禁复出，射门 12 次却没能进球，皇马最终以 0 比 1 爆冷输给皇家贝蒂斯。自此，皇马连续进球场次停留在 73 场，追平桑托斯保持的俱乐部连续进球场次的世界纪录。皇马在这 73 场中打进 200 球，其中 C 罗打进 49 球。

复出后的 C 罗陷入"进球荒"，皇马因此在西甲联赛中起伏不定，不仅被马竞和毕尔巴鄂竞技逼平，甚至还输给赫罗纳这样的弱旅，更被巴萨甩开了两位数的分差。

西甲联赛上半程的前 19 轮，C 罗出场 14 场，仅打进 4 球，这与他在欧冠小组赛 6 场打进 9 球的高效表现形成鲜明的对比。彼时，对于 C 罗的质疑甚嚣尘上，而那些质疑声对于他来说就像雷鸣般战鼓，很快，C 罗就像战神一样又出征了。

时来运转，C 罗在下半程将迎来爆发，早在 2017 年 10 月 24 日就可见端倪。当日，C 罗在伦敦举办的国际足联 2017 年颁奖盛典上，蝉联了世界足球先生。

金球"五指山"

CRISTIANO RONALDO

　　2017 年 12 月 7 日，金球颁奖盛典在巴黎埃菲尔铁塔举行。当铁塔的灯光照亮整个夜空，C 罗终于拿到 2017 年最后一座也是分量最重的一座奖杯——金球奖。

　　2017 年，C 罗率领皇马收获 2016/2017 赛季西甲冠军、欧冠冠军、西班牙超级杯冠军、欧洲超级杯冠军，此外，C 罗还率领葡萄牙队成功杀入 2018 年世界杯。

　　整个 2017 年，C 罗代表皇马和葡萄牙共出战 60 场，贡献 53 粒进球和 12 次助攻，其中他在欧冠联赛轰进 19 球，创造欧冠自然年进球纪录。

　　C 罗在 2017 年拥有如此耀眼的数据与荣耀，夺得金球奖可谓实至名归。

　　在劳尔、卡洛斯、卡卡、罗纳尔多、欧文等一干前皇马巨星以及"银河战舰掌门人"弗洛伦蒂诺的簇拥下，C 罗闪亮登场，并伸出五根手指，昭示着第五个金球奖已收入囊中。

　　从 23 岁到 32 岁，C 罗用十年时间拿下五座金球奖奖杯。他追逐金球奖和追逐胜利一样迫切。他与梅西的"金球"暗战中，从 1 比 4 落后到 5 比 5 追平，"绝代双骄"在此时已在一个水平线。第五座金球奖，为 C 罗的 2017 年画上完美的句号。此时 C 罗已经 33 岁了，仍然是皇马的核心，同时在进球上依然保持着高产并且高效。

　　前锋的巅峰期一般在 24 岁至 28 岁，33 岁的 C 罗为什么会如此之强，能将巅峰状态和数据维持十年？那是因为 C 罗始终保

持着纯粹的职业精神和态度。

过去的 C 罗是一名偏执狂，在偏执中加入冷静和理智，就变得更为强大。C 罗的成功还源于转型。早在曼联时期，弗格森就曾建议过 C 罗不能局限于边路，也应该适时地游弋到中路。皇马时期，C 罗在安切洛蒂与齐达内的执导下，已经蜕变成一名优秀的"禁区终结者"。缩短了奔袭的距离，但快速的启动、迅捷的插入、机敏的跑位，都让 C 罗能够高效地完成致命一击。

刚来到西甲的 C 罗还是一位前场自由人，他在与梅西"双雄争霸"的后半程，逐渐开始转型，蜕变成"禁区杀手"。从一名"伪 9 号"成为一名"真 9 号"，牺牲的标志性的速度、盘带，在禁区内谋得更多破门空间，转型后 C 罗受益匪浅。

从 23 岁时的无敌边锋，到 28 岁时的全能攻击手，再到 33 岁时的进球机器，也许很难去判断哪个时期的他才是更好的 C 罗，但可以肯定的是，无论是哪个时期，C 罗都是世界上顶尖的球员。顶尖球员都拥有出色的调整能力，虽然 C 罗在西甲联赛 2016/2017 赛季上半程中遭遇"进球荒"，但他会王者归来，这一点毋庸置疑。

第十章
五冠封神

终 极 刺 客 ：C 罗 传

后程发力

CRISTIANO RONALDO

"我的动力来源于自己，我总想要成为最好的，想要赢得各种奖杯。所以当我每天早上醒来以后，总是可以动力十足地去训练、比赛。"这样的Ｃ罗，不可阻挡，因此他很快就找回了进球的感觉。

2017年12月14日世俱杯半决赛，皇马意外落后阿布扎比。比赛第53分钟，Ｃ罗抽射破门，为皇马扳平比分。而这粒进球是Ｃ罗在世俱杯上的第6球，超越梅西、苏亚雷斯和德尔加多，独享改制后世俱杯第一射手的殊荣。12月17日，世俱杯决赛，又是Ｃ罗的任意球破门为皇马赢下冠军奖杯，而他也将世俱杯进球纪录扩大为7球。

经过冬歇期的休整后，Ｃ罗满血归来。2018年新年伊始，西甲联赛第20轮面对拉科鲁尼亚，Ｃ罗奉献两射一传，带领皇马7比1狂胜对手。值得称道的是，相比于两个进球，Ｃ罗脚后跟妙传助攻莫德里奇的表演更为精彩。

Ｃ罗依然是那个进球如麻的射门机器，随着年龄的增长，他的想象力和创造力也日臻化境。随后一轮他再次两度破门，帮助"银河战舰"以4比1击败瓦伦西亚。

2018年2月11日，西甲第23轮，皇马以5比2击败皇家社会，Ｃ罗上演"帽子戏法"；第28轮，Ｃ罗又在皇马以2比1击败埃瓦尔的比赛中完成双响，还表演了一次精彩的后背停球过人，再炫了一把昔日"单车少年"的过人绝技。

西甲联赛下半程，Ｃ罗参加的13场比赛，除了战平莱万特的比赛之外，另外12场Ｃ罗均有进球，一共打了惊人的22球。在射手榜上也是扶摇直上，最终仅以8球之差落后于梅西，名列第二，而这个赛季梅西比Ｃ罗多踢了9场联赛。

Ｃ罗在这个赛季出勤率有所下降，除了赛季初的禁赛外，还有就是进行了轮换。

皇马在这个赛季国王杯早早出局，西甲联赛争冠无望，欧冠是最重要的战场，球队需要一个更健康、更具活力的Ｃ罗。因此，齐达内苦口婆心地说服Ｃ罗接受轮休。

欧冠1/8决赛，皇马的对手是巴黎圣日耳曼。"大巴黎"近来风头正盛，在2017年夏天不仅从摩纳哥引进了天才少年姆巴佩，更是以破纪录的2.2亿欧元从巴萨招募了"梅罗"之后"第三球王"内马尔，俨然成为欧洲足坛新贵。

　　2018 年 2 月 15 日，欧冠 1/8 决赛首回合比赛在伯纳乌打响，皇马依靠高强度压迫一度占据主动，但"大巴黎"凭借拉比奥特在第 32 分钟的劲射破门先胜一筹。

　　比赛第 44 分钟，C 罗打进点球为皇马扳平比分，这也是 C 罗为皇马打进的整整第 100 粒欧冠进球。比赛第 83 分钟，阿森西奥在禁区内左路传中，C 罗门前"灵膝一点"用膝盖将球碰进球门。仅仅 3 分钟后，又是阿森西奥传中，马塞洛门前左翼兜射破门。

　　3 比 1，皇马最终在主场完胜巴黎圣日耳曼，C 罗梅开二度，成为球队的取胜之匙。

　　2018 年 3 月 7 日，欧冠 1/8 决赛次回合比赛在巴黎王子公园球场进行，内马尔因伤缺阵。比赛踢得异常胶着，谁先进球成为取胜的关键，这种关键的态势下，需要超级英雄挺身而出，但巴黎已经没有内马尔，而皇马还有 C 罗。

　　比赛第 51 分钟，C 罗在门前右侧接巴斯克斯传中高高跃起，大力头球破门，皇马以 1 比 0 取得领先，并将总比分变成了 4 比 1，"大巴黎"陷入绝境。

　　虽然第 70 分钟卡瓦尼为主队扳平比分，但 9 分钟后卡塞米罗的进球为皇马锁定胜局。最终，皇马在客场以 2 比 1 取得胜利，并以总比分 5 比 2 淘汰"大巴黎"，挺进八强。

　　一次原本充满悬念的对决，因为 C 罗的存在变得比分悬殊，两场比赛他打进 3 球，正好成为两队的比分差距。虽然已经 33 岁，但从那记客场头球破门来看，C 罗依然拥有脱离地心引力般超强弹跳力，身体天赋依然处于巅峰。

绝世倒勾

CRISTIANO RONALDO

2018 年 4 月 4 日，欧冠 1/4 决赛首回合比赛，皇马与尤文图斯再度狭路相逢。

"斑马军团"坐拥主场，并凭借门神布冯领衔的钢铁防线，欲报去年欧冠决赛的一箭之仇。但他们可能忽视了一点，此前 C 罗已经 7 次攻破布冯把守的大门。

果然，开场仅 3 分钟，C 罗就在尤文图斯禁区内抢点捅射破门。凭借此粒进球，C罗已经连续 11 场（跨赛季）欧冠比赛都有进球（11 场进 17 球），超越范尼，成为欧冠历史上连续进球场次最多的球员。

比赛第 63 分钟，又是 C 罗的积极逼抢令尤文图斯后卫和门将配合出现失误，C 罗在底线附近抢回球权，传到禁区弧顶，巴斯克斯跟上抽射，被布冯神勇扑出。

扑出的皮球被卡瓦哈尔截获后，在对手逼抢下仓促起脚传中，看起来这是一脚毫无威胁的传中。但突然间禁区里闪现一道蓝色身影，C 罗腾空而起，倒挂金钩。

皮球画出一道瑰丽弧线飞入球门左下角，世界第一门将布冯对此根本来不及反应，基耶利尼和巴尔扎利这对世界级中卫组合也望洋兴叹。

没人注意到 C 罗是如何抢点的，卡瓦哈尔匆忙传中的刹那间，恰好没有越位的 C罗就已判断皮球飞行的线路，这种无球跑位能力，强大到令人叹服。

C 罗这个倒勾是否会获得 2018 年度普斯卡什奖（最佳进球）？根据《马卡报》的数据分析，C 罗起跳后身体几乎与地面平行，腾空高度达到惊人的 1.41 米，更惊人的是，他射门时触球脚的高度达到 2.38 米，这几乎与横梁的高度（2.44 米）持平。再加上射门的力度、精度、皮球的飞行线路，毫无疑问，这是一记堪称教科书般完美的倒勾。

在之前的职业生涯中，C 罗已经打进了无数个令人瞠目结舌的神仙球，唯独就缺少一个完美的"倒挂金钩"。如今，在这场至关重要的欧冠 1/4 决赛，面对最伟大的门将和最稳固的防线，这记"倒挂金钩"的诞生更显得弥足珍贵。

虽然 C 罗已经 33 岁，但他的生理年龄却只有 23 岁。此外，C 罗的静止弹跳高度更是达到 1 米。而除了非凡的身体条件，C 罗日复一日的苦练更加重要。

就在这场比赛的前一天，皇马踩场训练时，C 罗还特意练习了倒勾射门。有趣的是，

当时现场记者抓拍到 C 罗倒勾射门的滞空照片，竟然与那个进球几乎一样。正是 C 罗日复一日的倒勾练习，形成了肌肉记忆，才能那么轻松写意地打进这粒绝世倒勾。

C 罗的精彩倒勾也征服了客场球迷，安联球场的尤文球迷全体起立为他鼓掌，C 罗也鞠躬致意，以示感谢。赢得对手尊重的最好方式，就是用最完美的表现击败他们。

比赛第 71 分钟，又是 C 罗为马塞洛送上精妙直塞，后者突破布冯的十指大关，将球送进球门，为皇马锁定胜局。3 比 0，"银河战舰"最终在客场完胜"斑马军团"。

两射一传，C 罗以一己之力决定了比赛的胜负。或许直到布冯退役都难以理解，为什么他能在面对梅西时那么的坚不可摧，但却在面对 C 罗时无能为力。在他们交手的过程中，C 罗仅仅有过 11 次射正，但却不可思议地 9 次洞穿了布冯把守的球门。

比赛过后，C 罗那记倒勾依然成为人们热议的话题。这是 C 罗在欧冠中的最佳进球，也是其波澜壮阔的职业生涯最为闪耀的一笔。

西班牙《马卡报》甚至打出"C 罗赢得了天空"的标题。英国足球名宿、1986 年世界杯金靴得主莱茵克尔表示："我看过许多精彩进球，但这粒进球仍令我窒息。"

2018 年 4 月 12 日，欧冠 1/4 决赛次回合在伯纳乌决战，"斑马军团"展现出百年豪门的铁血风骨。仅 60 分钟，尤文图斯就用 3 粒进球痛击皇马，抹平第一场的分差。整个伯纳乌球场鸦雀无声。

由于前一天，另一支意甲球队罗马在巴萨身上完成 3 球逆转的好戏，所以当尤文图斯扳平总比分的那一刻，所有皇马球迷都有一种不祥的预感。

随着比赛时间的流逝，双方都没能再取得进球，加时赛似乎已不可避免。此时，尤文图斯特意为加时赛预留了两个换人名额，而皇马却早早将换人名额用完。危急时刻，需要超级英雄降临，而这只能是 C 罗。

比赛第 92 分钟，伤停补时最后阶段，皇马发动最后一攻。皮球吊入禁区，C 罗抢点头球摆渡到球门区内，巴斯克斯抢到有利位置，接到传球准备射门时被身后的贝纳蒂亚撞倒，裁判奥利弗果断判罚点球。

生死时刻却面临一罚毙命，尤文图斯的场上众将群情激奋，布冯甚至因为抗议过于激烈而被红牌罚下。替补门将什琴斯尼仓促上阵，但他面前站着的是 C 罗，是在欧冠赛场上罚进点球最多的球员。

最终，C 罗点球命中，皇马虽然以 1 比 3 输掉此场比赛，但却以总比分 4 比 3 淘汰尤文图斯，艰难地晋级欧冠四强。关键时刻罚进点球，C 罗拥有一颗无比强大的心脏。这粒点球判罚在赛后引发巨大争议，但胜负的天平已无法翻转。那个时期的 C 罗与皇马，在欧冠征途似乎拥有一种王者气势，无往不利。

比赛结束后，C 罗特意走到球员通道，与被罚下的布冯拥抱致意。

英雄相惜，亦敌亦友，应是如此。

再战拜仁

CRISTIANO RONALDO

2017/2018 赛季，皇马几乎凭借 C 罗一己之力，有惊无险地闯进欧冠半决赛，成为历史上第一支连续八年闯进欧冠半决赛的球队。而一个有趣的统计是，过去 50 年间，只有皇马、巴萨和拜仁三家俱乐部比 C 罗进入半决赛的次数多。

欧冠淘汰赛阶段，皇马先后击败法甲冠军巴黎圣日耳曼和意甲冠军尤文图斯，又在半决赛迎来德甲冠军拜仁的挑战。此时的拜仁早已摆脱安切洛蒂时代混乱的局面，功勋老帅海因克斯的回归让拜仁有了当年"三冠王"的风采。

2018 年 4 月 26 日，欧冠半决赛首回合比赛在安联球场进行。这一次，虽然拜仁成功冻结了 C 罗，让其欧冠连续进球场次停留在 11 场，但顾此失彼，皇马其他球员获得了更多射门机会。最终皇马以 2 比 1 逆转局势，带着两个宝贵的客场进球回到伯纳乌。凭借这场胜利，C 罗欧冠比赛的总胜场数达到 96 场，成为欧冠史上胜场最多的球员。

5 月 2 日，欧冠半决赛次回合比赛移师伯纳乌球场。拜仁主力门将诺伊尔因伤缺阵，替补门将斯文·乌尔赖接替诺伊尔镇守球门，这也为"南部之星"留下致命隐患。

比赛开场不到 3 分钟，基米希就攻破皇马大门。比赛第 10 分钟，本泽马在门前抢点、头球建功，为皇马扳平比分。下半场开赛仅 21 秒，替补上场的拜仁门将乌尔赖竟然从腋下漏掉队友的回传球，本泽马宛如幽灵般插到门前捡漏得手，皇马以 2 比 1 领先。

虽然拜仁凭借哈梅斯·罗德里格斯的进球，以 2 比 2 战平皇马，但还是以两回合总比分 3 比 4 不敌，止步于欧冠半决赛，而"白衣军团"连续第三年进军欧冠决赛。

C 罗依然没能进球，但他给拜仁防线造成巨大的压迫感，为队友创造了得分空间。

比赛结束后，根据《马卡报》的统计，在该赛季皇马已经进行的 12 场欧冠比赛中，全队总跑动距离最长的竟然是 33 岁的 C 罗，那份超强的好胜心，并未随着年龄的增长和荣誉的累积而有丝毫消减。

当 C 罗踏上在基辅举办的欧冠决赛赛场的一瞬间，他又再次追上了一个传奇般的纪录——那是他个人第六次在欧冠决赛中出场，追平 AC 米兰传奇队长保罗·马尔蒂尼的纪录，而考虑到 C 罗依然处于巅峰时期，未来打破这个纪录也并非不可能。

欧冠三连冠

CRISTIANO RONALDO

2018 年 5 月 27 日，欧冠决赛在基辅奥林匹克球场打响。作为前两届冠军的皇马迎战英超豪门利物浦，"银河战舰"志在卫冕，实现旷古未有的"欧冠三连冠"。而利物浦曾在 2005 年欧冠决赛上连扳 3 球，创造"伊斯坦布尔奇迹"，其风格强悍坚韧。

这本是一场势均力敌的巅峰对决，却因为卡利乌斯的失误而变得没有悬念。

比赛第 28 分钟，利物浦王牌射手萨拉赫与拉莫斯拼抢时导致左肩受伤，被迫下场。从那一刻起，胜负的天平已经开始向皇马倾斜。双方上半场互交白卷，决胜来到下半场。

比赛第 50 分钟，利物浦门将卡里乌斯打算发手抛球给队友，却被本泽马机敏地伸脚一挡，皮球竟然进入球门。卡里乌斯出现低级失误，皇马笑纳大礼，以 1 比 0 领先。

顽强的利物浦 4 分钟后便扳平比分，马内的门前垫射洞穿了皇马的大门，1 比 1。

比赛第 63 分钟，马塞洛左路斜传，刚刚替补上场 3 分钟的贝尔在门前上演一记精彩绝伦的"倒挂金钩"，皮球画出一条斜弧线，钻入球门左上角，皇马以 2 比 1 领先。

"大圣归来"用神来之笔护佑皇马登顶峰巅，而利物浦门将卡里乌斯心神黯然。

第 83 分钟，贝尔突施冷箭，一脚看似威胁不大的远射，卡里乌斯接球时竟然意外脱手，将皮球漏进门内，3 比 1，贝尔梅开二度，为皇马锁定胜局。

皇马将 3 比 1 的比分守到最后，击败利物浦，夺得 2018 年欧冠冠军。在欧冠改制后首次完成 3 连冠。自此，皇马在 1956 年、1957 年、1958 年、1959 年、1960 年、1966 年、

终极刺客

1998 年、2000 年、2002 年、2014 年、2016 年、2017 年以及 2018 年，13 次夺得欧冠冠军，是欧冠历史上夺得冠军最多的球队，远超第 2 名 AC 米兰的 7 冠。皇马成为天下诸强中独一档的存在，第一豪门非皇马莫属。

此届欧冠决赛，C 罗虽然没有进球，但所有人都明白，若非他在之前 10 场欧冠比赛中场场进球，皇马不可能最终夺冠。就像两年前的欧洲杯，最终的决赛 C 罗不是主角，但他依然是球队夺冠的最大功臣和唯一核心。

C 罗堪称"欧冠之王"！在他去皇马之前，皇马被称为"欧冠十六郎"，他到皇马之后，除了首个赛季，皇马保底都是欧冠四强，巅峰时创下 5 年 4 冠的神迹。

完成欧冠三连冠的壮举之后，C 罗已拥有 5 个欧冠冠军，仅次于 6 次夺冠的皇马传奇帕科·亨托。此外，C 罗还成功蝉联欧冠最佳射手，这已经是他连续第 6 年加冕。在"绝代双骄"交相辉映的时代，C 罗对于欧冠金靴形成强势垄断。再加上历史第一的 120 粒欧冠进球，C 罗毫无疑问地成为"欧冠之王"。

虽然 2017/2018 赛季皇马在国内赛场上双线失利，但欧冠三连冠的伟业足以掩盖所有缺憾。尤其皇马在上一季成功卫冕，一举打破欧冠改制后无法卫冕的魔咒。如今，皇马更是实现了欧冠三连冠这个伟大壮举，令其他豪强望尘莫及。

虽然 2018 年，C 罗在西甲的进球数有所下降，但如果算上国家队进球，C 罗在这个赛季再次完成进球 50+ 的壮举，巡遍整个足坛，这样的表现也无出其右。

33 岁的 C 罗仍在巅峰，但皇马在续约问题下，迟迟没有进展，一切变得扑朔迷离。早在 2016 年 11 月，C 罗曾与皇马完成续约，那张合同很可能成为 C 罗职业生涯的最后一纸长约，如果那样，"CR7"终老皇马将不是梦想，尽管伯纳乌球场上演了太多传奇球星晚年客走他乡的桥段。

2018 年 5 月 27 日，马德里伯纳乌球场普天同庆，C 罗在欧冠夺冠庆典上深情地亲

吻皇马队徽，流露出对"白衣军团"太多的眷恋与珍惜。尽管在那个夏天，关于 C 罗离开皇马的传闻不绝于耳，但每一位皇马球迷都坚信他会留在这里。

彼时，俄罗斯世界杯即将到来，C 罗将披上酒红色战袍，率领葡萄牙队去征服世界。关于 C 罗与皇马能否再续前缘，那是世界杯之后再考虑的问题。

第十一章
"杯"欢离合

终 极 刺 客：C 罗 传

剑指世界杯

CRISTIANO RONALDO

2016 年的欧洲杯，C 罗率领葡萄牙队出乎意料地夺得冠军。这个新科欧洲杯冠军憧憬 2018 年世界杯冠军时，却在欧洲区预选赛第一轮被瑞士队以 0 比 2 击败。

输掉首战后，葡萄牙队知耻后勇，在 C 罗的率领下最终打出一波八连胜的战绩。

2017 年 10 月 11 日，最后一轮的里斯本决战，重要性不亚于一场世界杯正赛。葡萄牙队必须净胜对手两球以上，才能以小组第一身份直接进军俄罗斯世界杯。如果达不到这个目标，葡萄牙队就将滑落到小组第二，通过附加赛来决定生死。

最终，葡萄牙队以 2 比 0 战胜瑞士队赢得复仇战，并以 28 个净胜球的优势压倒对手直接出线，C 罗在预选赛中一共打进 15 球，堪称无解的"进球机器"。

2014 年巴西世界杯，葡萄牙队首战就以 4 球惨败"德意志战车"，并最终在三场小组赛后就打道回府，那是 C 罗不愿回想的苦涩记忆。

兵败世界杯之后，菲尔南多·桑托斯走马上任，成为葡萄牙队主教练，他阐述了自己的执教理念："我们要有必胜的信念，要想赢球，必须有一支控球能力强大的球队，并且在进攻端富有创造力。"

信念、进攻、创造力，这些关键词正好是 C 罗身上的标签。2016 年，桑托斯教练正是秉承着这种足球哲学，与 C 罗一起率领葡萄牙队举起欧洲杯。

2018 年世界杯大战在即，带着 2016 年欧洲杯冠军的荣誉和 2014 年世界杯的未酬壮志，C 罗率领葡萄牙队向俄罗斯开拔。

帽子戏法

2018 年 6 月 16 日索契，世界杯 B 组的首轮重头戏，西班牙队对阵葡萄牙队。双方多名球员效力于皇马和巴萨，这是一场世界杯赛场上的"国家德比"。C 罗与他的朋友们在这一天既是兄弟，也是对手。

带着欧冠三连冠与欧洲杯新科冠军的光环，C 罗自然成为西葡大战的全场焦点。

从 2004 年 C 罗第一次参战欧洲杯，就与西班牙队同组。2018 年俄罗斯世界杯是 33 岁的 C 罗连续第八届参加的国际大赛，他将再一次与兄弟们为胜利并肩战斗。

在这场比赛开赛前两天，西班牙队内突发变故。西班牙足协突然宣布主教练胡伦·洛佩特吉下课，名宿费尔南多·耶罗仓促上阵。临阵换帅是球队大忌，这也让赛前舆论更看好 C 罗与他的葡萄牙队。但"CR7"明白，这个老对手是何等的强大。

比赛开场时，双方就剑拔弩张，在老对手面前，无须保守与试探。开场仅 4 分钟，C 罗就通过左路突破制造杀机。西班牙队右后卫，也是 C 罗的皇马队友纳乔不得不在禁区内用犯规放倒他的俱乐部大哥。C 罗没有辜负这份"厚礼"，他亲自操刀点球命中，为葡萄牙队带来一个美妙的开局。葡萄牙队以 1 比 0 领先。

这粒点球是 C 罗的第 4 粒世界杯进球，前三届世界杯，C 罗都只有 1 球入账，但在 2018 年的俄罗斯世界杯赛场，这粒进球绝不是终点。

比赛第 23 分钟，迭戈·科斯塔撞倒佩佩，在门前连续摆脱防守后，用一脚重炮轰穿葡萄牙队大门。这记简单粗暴的"重金属"射门，为西班牙队扳平比分，1 比 1。

比赛第 44 分钟，C 罗在禁区前沿突施冷箭，造成世界级门将德赫亚"黄油手"，皮球脱手入网。这脚射门角度并不刁钻，却暗藏玄机，势大力沉，并带有旋转。

上半场结束，葡萄牙队凭借 C 罗梅开二度，以 2 比 1 领先。

下半场第 54 分钟，科斯塔门前抢点捅入网。第 57 分钟，纳乔远射破门。西班牙队在 3 分钟内连进两球，以 3 比 2 领先葡萄牙队，"斗牛士军团"士气大振。

C 罗目睹自己的球队从领先到落后，心中顿生无穷战意，怎奈这届葡萄牙队友星光黯淡，因此 C 罗决定独自打起进攻的大旗。

　　限制住 C 罗，就等于掐住葡萄牙队的七寸。西班牙队重兵困守，虽然让 C 罗没有得到运动战破门的机会，但他还有另一个大杀器——任意球！

　　第 86 分钟，葡萄牙队获得一个前场定位球，位置距离球门约 23 米，正是 C 罗任意球的射程之内。C 罗亲自主罚，目光中透着凶狠与坚毅。

　　西班牙球员列阵以待，他们将两位高塔——1.89 米的布斯克茨和 1.92 米的皮克安排在人墙外侧，帮助德赫亚封住球门的最远端。

　　C 罗踢出一记弧线美妙的"电梯球"，皮球转出一个极大的转角，直落球门的右上死角，速度奇快、角度刁钻。尽管皮克和布斯克茨均起跳拦截，但皮球还是从布斯克茨的耳边呼啸而过。

　　C 罗任意球破门，在世界杯上首次完成"帽子戏法"，帮助葡萄牙队扳平比分，也点燃了全世界球迷的激情。

　　凭借 C 罗的 3 粒进球，葡萄牙队与西班牙队 3 比 3 握手言和。这是一场注定载入史册的世界杯名局，"葡西大战"满足了我们对于足球的所有美好想象。

　　许多年之后，也许球迷还会津津乐道，2018 年 6 月 15 日那一晚，我们看见了"足球之神"。

晋级之路

CRISTIANO RONALDO

"葡西大战"赛后，主教练桑托斯对 C 罗不吝赞美之词："他一直是我们球队伟大的领袖，不论是在更衣室还是在球场上。"但 C 罗还是一如既往地低调："比赛要一场一场打，我们已经将工作重心放在了下一场比赛。"

在对阵西班牙的比赛中，C 罗进球后摸起自己下巴上若隐若现的"山羊胡"，有记者猜测，这是调皮的 C 罗与观众们玩起文字游戏，意思是他就是"山羊"，他就是"历史最佳"（英文单词山羊"GOAT"，是"Greatest of All Time"即"历史最佳"的缩写）。也有人臆想为这是隔空叫板梅西，因为梅西在此前曾为阿迪达斯拍摄"山羊"的主题宣传片，隐喻自己是历史最佳"GOAT"。

2018 年 6 月 20 日，小组赛第二场，葡萄牙队迎战北非劲旅摩洛哥队。摩洛哥队主教练勒纳尔认为 C 罗是个超脱于防守体系的球员，即使用任何防守手段，C 罗也有办法去攻破球门。这个说法在接下来的比赛中很快就得以验证。

比赛刚刚开始 4 分钟，穆蒂尼奥的角球飞向禁区，C 罗一个"反跑"就为自己扯出了一个空当，随后俯身冲顶，头球破门，就是这么轻松！葡萄牙队也凭借此球小胜摩洛哥队，全取 3 分，出线形势一片明朗。反观摩洛哥队全场狂轰滥炸却没有破门，只能说是"锋无力"的问题。葡萄牙队之所以能 1 比 0 战胜对手，就是因为阵中拥有 C 罗。

C 罗在两场比赛中就打入 4 球，成为本届世界杯金靴的有力争夺者。而对阵摩洛哥的这粒头球，是他在国家队的第 85 粒进球，自此 C 罗超越普斯卡什，成为欧洲国家队历史射手王，放眼世界，也仅有伊朗前锋阿里·代伊的国家队进球数（109 球）比他多。

值得一提的是，C 罗在近 55 场国家队比赛中打进 48 球，进球率高到"离谱"。

面对摩洛哥队，实力占优的葡萄牙队成了被动的一方。连主帅桑托斯在接受赛后采访时也难掩不满："我们不停地失误，队员也没有积极跑动，比赛赢得太艰难了。"

全场比赛，葡萄牙队的射门次数比对手还少 5 次，凭借"门神"帕特里西奥的神奇扑救，以及 C 罗的头球建功，"航海军团"才得以艰难保住 3 分。

赛后，安德烈·席尔瓦继续对老大哥大加赞赏，也同时说出了葡萄牙全队的心声："能

跟 C 罗在一个队踢球，就像是做梦一样啊。"

2018 年 6 月 26 日，第三场小组赛，凭借夸雷斯马"天外飞仙"般外脚背撩射破门，葡萄牙队与伊朗队 1 比 1 打平。虽然与西班牙队同积 5 分，但葡萄牙队还是以进球数少的劣势屈居 B 组第二名，这让他们在接下来的 1/8 淘汰赛不得不面对 A 组的头名——由"双煞组合"苏亚雷斯和卡瓦尼领衔的实力强大的乌拉圭队。

青春散场

CRISTIANO RONALDO

2018 年 7 月 1 日，世界杯 1/8 淘汰赛，葡萄牙队与乌拉圭队的比赛在索契菲什特体育场进行，两队均有大牌球星压阵，可谓势均力敌。

比赛第 7 分钟，苏亚雷斯长传禁区，卡瓦尼插上，头球破门，乌拉圭队 1 比 0 领先。

第 55 分钟，葡萄牙队开出战术角球，佩佩高跃头槌将球砸进球门，葡萄牙将比分扳成 1 比 1，乌拉圭队本届世界杯的零失球纪录就此终结。

第 61 分钟，卡瓦尼在禁区内得球，随即兜出一脚漂亮的弧线，皮球飞入远角，2 比 1，乌拉圭队再次领先。

第 68 分钟，独中两元的卡瓦尼受伤倒地。虽然此时葡萄牙队比分落后，但 C 罗并没有催促对方尽快离场，而是亲切地上前问候，在确认卡瓦尼不能坚持比赛的情况下，又亲自将其搀扶出场。在两位巨星并肩前行的那一刻，足球有了温度，"总裁"尽显大将之风。

1 比 2，葡萄牙队最终输给乌拉圭队，C 罗的大力神杯梦想在那一夜破碎。

同是那一夜，梅西也离开了世界杯赛场，风驰电掣的姆巴佩将阿根廷人的防线彻底撕碎，3 比 4，"潘帕斯雄鹰"巅峰折翼。

"绝代双骄"竟然在同一个夜晚，告别了世界杯的舞台。四年之后，梅西 35 岁，C 罗 37 岁，他们还能再一次出现在世界杯赛场吗？那一夜，我们告别的不仅仅是"绝代双骄"，还是我们的青春时代。

无论是葡萄牙，还是阿根廷，甚至世界足坛，总会有下一代的巨星，扛起前辈的旗帜继续前进，就像他们的前辈曾经做过的那样，但我们却没有了青春可以追随……

12 年前，在对阵伊朗队的比赛中，C 罗打入个人世界杯的第一粒进球。同样是那届世界杯，比 C 罗小两岁的梅西，也收获了自己的世界杯处子球。

而 12 年后的那一夜，梅西如同伫立在风中的雕像，C 罗则留下独木难支的背影。

那一夜，世界杯送走了 C 罗和梅西，也送走了我们一个时代的青春记忆。

转会尤文

CRISTIANO RONALDO

同样在俄罗斯的那些天，C 罗离开皇马的转会传闻也愈演愈烈。曾经说好要不离不弃直到彼岸，却等到说再见的这一天。心里纵有万种不舍，也只得留下一句珍重。

北京时间 2018 年 7 月 10 日 23 点 30 分，当人们还在为即将到来的世界杯半决赛摩拳擦掌时，一条震惊世界的新闻点爆了所有球迷的朋友圈。

"C 罗离开皇马，转会尤文图斯！"

在世界杯半决赛的前夜，只有球王级别的转会才能抢得头条，C 罗做到了，他以 1.12 亿欧元的转会费驾临意甲豪门尤文图斯，从此西甲"绝代双骄"，徒留梅西一人独唱。

C 罗的转会其实并不是空穴来风，早在葡萄牙还没有被淘汰出世界杯前，《都灵体育报》就已放出消息说 C 罗将来到都灵城。

为什么离开皇马？为什么选择尤文图斯？这其中充满种种疑问。

相对于巴萨曾经给功勋球员伊涅斯塔签订"终身合同"，不少球迷希望皇马也能给 C 罗一份天长地久的契约。然而，职业足球毕竟属于商业范畴，人们对利益的追逐远比人情要重得多。C 罗曾表达过终老皇马的念头，然而俱乐部的一系列举动伤了"总裁"的心。不仅是 C 罗提出的 3000 万欧元年薪未得到满足，而且皇马时不时与姆巴佩、内马尔等球员眉来眼去，加上球队一直想扶正贝尔，以及齐达内的离开……

媒体猜测"弗洛伦蒂诺排斥 C 罗已久，只因 C 罗是前任卡尔德隆的遗产"。

作为皇马一把手，"老佛爷"明白：在"银河战舰二期"，无论是在战绩还是在商业上，C 罗都给皇马带来了巨大增益，这是一般球星无可比拟的。

2015 年，弗洛伦蒂诺安插亲信贝尼特斯出任皇马主帅开始，欲立新王取代 C 罗的计划便已路人皆知。只是贝尼特斯实在难堪大用，让"老佛爷"的美梦破灭。

齐达内本来只是作为过渡主帅使用，但他与 C 罗在两年半里密切合作，携手率领皇马收获三座欧冠奖杯，可谓战功赫赫，出乎大家的预料。

C 罗与弗洛伦蒂诺的矛盾日渐尖锐，好在有齐祖的巧妙斡旋，二人才不至于将矛盾摆在台面上，而齐达内在 2018 年 5 月底辞去皇马主帅，C 罗与弗洛伦蒂诺之间缺少了"缓

冲带"，彼此之间的矛盾变得不可调和。

2018 年 3 月，皇马方面暗自修改了 C 罗的违约金条款，本来合同规定无论"CR7"去哪儿，都要向皇马交付 10 亿欧元的违约金。但在修改后，这则条款变成"如果 C 罗去的是非直接竞争对手，只需支付 1 亿欧元以上转会费"。"直接竞争对手"只包括三家俱乐部——巴萨、巴黎和马竞，尤文图斯不在名单之内。

C 罗表示该条款非常荒谬："如果我的违约金只有 1 亿欧元，这说明他们不想要我了。"

为什么是尤文图斯呢？坊间传言：早在 2003 年，C 罗离开葡萄牙体育时就差点去尤文图斯，只是因为添头球员的合同未能谈妥而没能放行。这段故事如今真伪难辨，但可以肯定，C 罗与"斑马军团"的缘分不仅仅从 2018 年开始。

2018 年 4 月 4 日，C 罗在尤文图斯安联竞技场打入绝世倒勾，尤文球迷全体起立鼓掌的场面，可能让 C 罗心生涟漪：这里的球迷会爱戴我。

自此，全世界的 C 罗球迷也将把自己的白色战袍染上黑色条纹，他们以这样的方式表达对 C 罗的矢志不渝，9 年感情怎能在一夜就烟消云散。追求 C 罗的尤文图斯，也会给他一个温暖的家。因为就在转会前夜，尤文主席阿涅利本人还亲自搭乘专机飞赴希腊，落地后随即乘车前往卡拉玛塔的酒店与度假中的 C 罗面谈机宜。

除了人情味更足，尤文图斯的商业合作关系也被 C 罗所看重。早在转会还未敲定前，著名汽车品牌、尤文图斯的常年赞助商菲亚特就与俱乐部达成协定，C 罗 3000 万欧元的年薪大部分将由菲亚特集团出资。

早已在赛场上叱咤风云的 C 罗，如今当然要在商业帝国中开拓更大的天空。至于球场成绩，意甲完成七连霸的"斑马军团"的唯一目标只剩欧冠，在少帅阿莱格里、阿根廷新锐迪巴拉等人的陪伴下，C 罗将率领"斑马军团"攀登欧冠的高峰。

离别之际，C 罗也发表了一封公开信，信中说："这些年在皇马，在马德里这座城市，

可能是我最快乐的日子。我对这家俱乐部、这里的球迷和这座城市报以最诚挚的谢意。感谢他们给我所有的爱和鼓励。然而，我想是时候去开启生命的新篇章，这也是为什么我接受转会。我非常抱歉，并请求你们所有人，尤其是球迷，理解我。"

正如 9 年前 C 罗第一次踏入伯纳乌球场高喊的一样，留给皇马球迷的最后一句话依然是："加油，马德里！"同样的呐喊，只是心情各不同。

在皇马的 9 年，C 罗征服了所有的球迷。在传奇离开的那一夜，没有人批评他，全世界曾经爱过他、恨过他、怀念过他的球迷，一起向他致敬。

2 届西甲联赛冠军、2 届西班牙国王杯冠军、2 届西班牙超级杯冠军、4 届欧冠联赛冠军、2 届欧洲超级杯冠军、3 届世俱杯冠军，这是 C 罗 9 年皇马生涯为"银河战舰"带来的丰厚荣誉。而在这 9 年里，身披白色战袍的 C 罗更是完成了自己的职业生涯的升华：6 次欧冠最佳射手、4 届金球奖、3 届欧洲金靴奖、3 次西甲金靴、3 届欧洲最佳球员和 2 届世界足球先生。

在皇马"欧冠十六郎"时期入驻伯纳乌，在"银河战舰"欧冠三连冠时离去，这是历史上一位伟大球员能为一支球队做出的最大贡献。

效力 9 个赛季，C 罗为皇马打入 450 粒进球（西甲 311 球、欧冠 105 球、国王杯 22 球、世俱杯 6 球、西班牙超级杯 4 球、欧洲超级杯 2 球），皇马也见证了 C 罗从著名球星到历史最佳的蜕变。值得一提的是，这个数据只比 9 个赛季以来尤文图斯俱乐部各条战线进球总数少 4 个。我们没有理由不期待，在亚平宁，在新的职业生涯里，C 罗能与新队友、新俱乐部共赴新的巅峰。

　　从"绿白军团"的里斯本之子，到"红魔曼联"的梦剧场王子，再到"银河战舰"的伯纳乌国王，C罗就像一位凌越峰巅的绝世刺客，一出手便超然物外、俯瞰众生，在他的维度里，也许唯有梅西可以与之比肩，他们携手演绎的双雄争霸盛世不可复制。

　　桃花影落飞神剑，碧海潮生按玉箫。

　　C罗那如绝世刺客般的一剑，郎艳独绝，世无其二。我们见证过他太多云蒸霞蔚的绚丽神迹、云垂海立的闪耀瞬间，那些吉光片羽成为我们记忆中最为闪亮的坐标，如璀璨珍珠，而多年累积，那些珍珠便成了萦绕在我们心头的一串记忆项链，永恒闪耀。

　　很有幸，我们在最好的时节遇到了最好的C罗，我们彼此见证着青春。

　　而如今C罗又转战亚平宁半岛，擎起尤文图斯的王旗，去问鼎欧罗巴之巅。

　　我们也坚信，C罗定能率"斑马军团"，定鼎天下，笑傲风云。

　　虎踞龙盘在尤文，笑傲银河烁古今。再展宏图凌云志，刺客一剑定乾坤。

第十二章
尤文岁月

终极刺客：C罗传

君临尤文

CRISTIANO RONALDO

对于尤文图斯来说，引进 C 罗的目标只有一个——让"斑马军团"在欧冠赛场有所斩获，真正成为一个世人瞩目的世界级豪门。

从商业的角度来说，C 罗的个人影响力是毋庸置疑的。事实上，在尤文图斯效力的三个赛季，C 罗一人的球衣销量就达到了惊人的 131.5 万件，销售额达到了 1.7 亿欧元。暴涨的球衣销售量使尤文图斯在一个赛季内就成为球衣销量最高的十家欧洲俱乐部之一。另外，尤文的赞助商和广告收入也因为 C 罗的个人影响力而增加了 2200 万欧元，且俱乐部在社交媒体上的粉丝数量暴增了 3800 万人。

尽管需要每年付给 C 罗 3000 多万欧元的年薪，但是相比于他带来的巨大影响力，尤文的投入仍然收获了极高的回报。

而从竞技层面来讲，C 罗的加盟更是无可指摘。尽管已经 33 岁，但他的竞技状态仍处在顶级。自从尤文图斯在 2015 年和 2017 年接连在欧冠决赛折戟之后，痛定思痛，终于下定决心引进一名超级巨星来帮助球队在国际赛场上更进一步。

尤文图斯先是免费签下利物浦自由球员埃姆雷·詹，以 4040 万欧元签下瓦伦西亚后卫坎塞洛，随后又以 4000 万欧元买断从拜仁租借来的道格拉斯·科斯塔。在中场、后卫和边锋三个位置都进行补强后，尤文图斯以惊诧世界的姿态来恭候 C 罗的到来。

相较于马德里的喧嚣与热闹，意大利第三大城市都灵多了一份宁静与优雅。第勒尼安海湿润温和，在这里，C 罗将要率领新一代"斑马军团"重新开拔。

万事开头难。虽然尤文图斯在新赛季的前三场势如破竹，先后战胜了切沃、拉齐奥和帕尔马，但 C 罗都未能有出色的表现，尽管他全部首发且踢满 90 分钟。

C 罗还在逐渐融入球队，尤其与新搭档迪巴拉尚在磨合之中。经验丰富的尤文主帅阿莱格里心里清楚：像 C 罗这种级别的球员，迎来爆发只是时间的问题，他需要的只是在现在的环境里找到自己最熟悉的比赛节奏。

阿莱格里让 C 罗打他最熟悉的左边锋位置，并不断安排迪巴拉、皮亚尼奇、桑德罗和曼朱基奇给 C 罗做球，并给他创造向前跑位的空间。

2018 年 9 月 16 日，意甲第四轮，尤文图斯坐镇安联体育场迎战萨索洛。面对拥有洛卡特利和贝拉尔迪的"绿巴萨"，C 罗尽显杀手本色。下半场第 49 分钟，尤文图斯开右侧角球，萨索洛中后卫费拉里头球解围时不慎将球顶向自家立柱，拍马赶到的 C 罗随即补射破门，迎来了自己在尤文图斯的首粒进球。

第 64 分钟，埃姆雷·詹在中路将球斜传给插上的 C 罗，后者推射远角破门。在连续三场的沉寂之后，C 罗终于梅开二度，打破了所有的焦虑与怀疑。

打开进球账户以后，C 罗终于将"伯纳乌之王"的风采带到了亚平宁。

9 月 24 日，尤文图斯对阵弱旅弗罗西诺内时，迟迟打不开局面。直到第 80 分钟，皮亚尼奇一脚射门打在对方后卫身上变线，C 罗斜插中路觅得皮球，半转身抽射破门，终于为球队敲开胜利之门。补时阶段"斑马军团"再下一城，以 2 比 0 击败对手。

此时，C 罗就像一把出鞘的利刃，在接下来的意甲联赛，大杀四方。尤文图斯打出连续 22 轮联赛不败的佳绩。2018 年 12 月 2 日，对阵佛罗伦萨，C 罗点球命中。自此，收获 10 粒意甲进球，C 罗仅用了 14 场比赛。

尤文图斯在意甲赛场独孤求败，却在欧冠赛场遭遇强敌。2019 年 2 月 21 日，欧冠 1/8 决赛，尤文图斯遭遇马德里竞技，首回合便在客场以 0 比 2 落败。3 月 13 日，次回合比赛在安联体育场进行。尤文图斯濒临绝境，危急时刻，C 罗再现"欧冠之王"风采，比赛第 27 分钟，他力压

胡安弗兰，头槌破门。

第 48 分钟，C 罗再次头球攻门，虽然被马竞门将单掌挡出，但球的整体已越过门线，C 罗梅开二度。第 84 分钟，C 罗再用点球命中的方式完成"帽子戏法"，以一己之力强行将总比分改成 3 比 2，最终率领尤文图斯淘汰西蒙尼执教的球队，成功晋级欧冠 8 强。

欧冠 1/4 决赛，尤文图斯面对阿贾克斯的首回合比赛，C 罗鱼跃冲顶率先破门，最终两队 1 比 1 战平。2019 年 4 月 17 日，次回合比赛，第 27 分钟，又是 C 罗门前抢点头球破门，再次为球队拔得头筹。尤文图斯取得胜势，却接连被阿贾克斯"青年军"两度洞穿球门，最终以总比分 2 比 3 落败，被挡在欧冠 4 强之外。

尽管尤文图斯在欧冠赛场折戟沉沙，但 C 罗的表现无可挑剔。他在淘汰赛阶段上演"帽子戏法"淘汰马竞，并连续两场敲开阿贾克斯的大门。尤文图斯引进 C 罗之后，终于在攻击力上得到他们想要的保障，尤其在关键的场次上。

2018/2019 赛季，尤文图斯提前五轮夺得联赛冠军，豪取意甲"八连冠"。

C 罗尽管未能在尤文图斯的首个赛季便拿下意甲金靴，但仍然以 21 粒进球和 8 次助攻成为意甲制造进球次数最多的球员。

换帅不利

CRISTIANO RONALDO

2019 年夏天，迫切想要欧冠破局的尤文图斯辞别了主帅阿莱格里，选择刚刚带领切尔西夺得欧联杯的毛里奇奥·萨里作为继任者，理由是后者欧战经验更丰富。

敲定新主帅之后，尤文图斯在 7 月签下拉姆塞、拉比奥特，并召回传奇门将布冯，伊瓜因也被租借回归。在功勋老将巴尔扎利宣布退役后，尤文图斯以 7500 万欧元的高身价签下了阿贾克斯的中后卫德利赫特。很显然，尤文图斯全方位补强，再加上锋线 C 罗和迪巴拉组合，只为新赛季在欧冠赛场上登峰折桂。

出乎意料的是，尤文图斯在夏天的大力补强之后，竟然造成新赛季混乱的开局。

2019/2020 赛季，尤文图斯虽然拥有 C 罗，但主教练萨里更擅长将强力中锋作为支点来辅助影子前锋来使用。比如在切尔西以吉鲁做支点，搭配阿扎尔和威廉。而萨里率领那不勒斯在 2014/2015 赛季的意甲联赛打入 80 球，勇夺意甲亚军，更是显示出他对于支点型中锋使用的得心应手。但 C 罗更擅长插上抢点破门，并不擅长作为支点中锋来使用。尽管如此，C 罗还是在萨里整脚的战术体系中，维持了极高的效率。

2019 年 10 月 2 日，欧冠小组赛，尤文图斯以 3 比 0 完胜勒沃库森，C 罗攻入 1 球，自此取得 102 场欧冠比赛的胜利，超越卡西利亚斯（101 场），成为欧冠胜场次数最多的球员。彼时，尤文图斯正处于转型之中，状态起伏不定，而 34 岁的 C 罗凭借超高的专业水准以及对于胜利的极度渴望，驱动着那支的尤文图斯稳步前进。

2019/2020 赛季意甲联赛上半程 19 轮战罢，C 罗共打入 14 粒进球。在第 10 轮面对热那亚时，C 罗更是在补时读秒阶段博得点球，并亲自主罚命中绝杀对手。

2020 年 1 月 6 日，尤文图斯以 4 比 0 完胜卡利亚里，C 罗头顶脚射，三度洞穿对手的球门，完成他在意甲的首个"帽子戏法"。

进入下半程，C 罗逐渐适应了萨里的新

战术，与迪巴拉的配合也愈加纯熟。虽然因为新冠肺炎疫情的原因，意甲联赛一度中断，但在 2020 年 7 月 21 日，C 罗还是收获了第 50 粒意甲进球，拉齐奥成为这一里程碑时刻的背景板。自此，C 罗也成为第一位在英超、西甲和意甲三大联赛均获得 50 粒及以上进球的球员。

2019/2020 赛季战罢，尤文图斯全队一共攻入 76 粒进球，C 罗一人便打入 31 球，可惜由于伤病缺阵而再次错失金靴，屈居射手榜第二。

凭借 C 罗的绝对火力输出，尤文图斯最终以 1 分的优势力压国际米兰，问鼎意甲冠军，实现了意甲九连冠的旷世伟业，并创造五大联赛最长连冠纪录。

在意甲联赛的稳定发挥一定程度上掩盖了尤文图斯的隐患，但更加残酷的欧冠淘汰赛，让萨里主教练的战术缺陷尽现无遗。

2020 年 2 月 27 日，欧冠 1/8 决赛首回合，尤文图斯客场挑战里昂，在控球率和传球成功率全面占优的情况下，"斑马军团"始终无法破门。反而是里昂在稳固防守的基础上，凭借图萨尔在第 30 分钟的门前抢点破门，在主场以 1 比 0 取得胜利。

因为新冠肺炎疫情，经过近半年的漫长等待之后，2020 年 8 月 8 日，欧冠 1/8 决赛首回合之战终于在都灵打响，因为（疫情）空场比赛，主场优势并不明显。

比赛仅开始 11 分钟，德佩就点球命中，里昂将总比分扩大至 2 比 0。

　　尤文图斯濒临绝境，站出来的还是 C 罗。比赛第 42 分钟，C 罗先是通过罚进点球缩小了分差；进入下半场，比赛第 59 分钟，C 罗在禁区外突然远程发炮，皮球宛如出膛炮弹般轰开里昂的大门。C 罗梅开二度，将总比分扳成 2 比 2 平。此后两队均无建树，终场哨响，里昂凭借客场进球优势成功淘汰尤文图斯，昂首挺进欧冠 8 强。

　　C 罗耀眼的个人表现和球队的早早出局，形成了鲜明的对比。显然，萨里的战术布置、临场调度以及球员掌控三大方面的"无力"成为尤文欧冠失利的重要原因。

　　尤文球员们宁可选择相信 C 罗，也不相信主教练萨里的战术布置能带来胜利，而萨里相机而动、临场调整能力不足更加剧了球员们的那些怀疑。C 罗也对萨里的战术颇有微词，即便是萨里率领尤文图斯惊险地成就队史九连冠，但萨里治下的"斑马军团"进攻迟暮、毫无活力，已逐渐失去了昔日的统治力。

　　彼时，尤文图斯在欧冠赛场过早出局，似乎已注定萨里离任的命运。

　　2020 年 8 月 9 日，尤文图斯止步欧冠 1/8 决赛还不足 24 小时，俱乐部就宣布萨里将不再担任主教练。消息一经公布，许多尤文球迷竟然奔走相庆，欢呼"天亮了"。

少帅的难题

CRISTIANO RONALDO

2020 年 8 月 9 日，尤文图斯宣布新主帅的人选：41 岁的安德烈亚·皮尔洛。

作为球员的皮尔洛无疑是意大利的传奇巨星和成功的典范。他司职组织后腰，在梳理进攻、长传调度上已臻化境。并且在 2011 年到 2015 年，皮尔洛一直都是"斑马军团"的中场组织核心，是都灵安联体育场上睿智缜密的"最强大脑"。

2020 年 7 月 30 日，皮尔洛拿起尤文图斯 U-23 青年队的教鞭。

有巴萨（瓜迪奥拉）和皇马（齐达内）的成功先例，尤文图斯认为皮尔洛在球员时代亦是中场大师，应该可以复制前两位的"少帅传奇"。

皮尔洛一样拥有令人信服的球员履历，可以像瓜迪奥拉和齐达内那样"征服"更衣室的队员，而在绿茵场上运筹帷幄、深谙组织调度之道的皮尔洛想必在战术设计上也会有独到之处。既可以掌控球队，又有教练之能，虽然欠缺顶级联赛实战的考验，但皮尔洛看起来已经有了带领尤文图斯打破困境的潜质。

于是，在皮尔洛拿起尤文图斯青年队仅仅十天，俱乐部就任命他为一线队主帅。

但"少帅传奇"之所以为称为传奇，便在于其不可复制性。

与齐达内和瓜迪奥拉不同，皮尔洛接手的尤文图斯正处在新老交替阶段：后卫线上老将基耶利尼和博努奇正在将重任转交给新援德利赫特，中场则自皮尔洛退役、比达尔和博格巴远走他乡之后，便再也没有找到能堪此任的新生代球员。

2020 年夏天，尤文图斯只是做了简单的人员更迭：老将皮亚尼奇换来阿图尔，从佛罗伦萨签下小基耶萨。前锋线上流失了伊瓜因之后，只是签回了昔日的功臣莫拉塔。

虽然说换帅如换刀，但在 2020/2021 赛季，尤文图斯对于 C 罗的依赖反而更加严重，C 罗仿佛成了"斑马军团"的晴雨表。

 2020 年 9 月 28 日，意甲第二轮，尤文图斯两度落后于罗马，但 C 罗两度扳平比分，率领球队从罗马奥林匹克体育场带走 1 分。

 10 月 13 日，C 罗确认感染新冠肺炎，此消息一经公布便震惊世界。人们惊讶于即便是拥有天人体魄的 C 罗，也难逃新冠肺炎感染，足见病毒的强大。

 然而，C 罗即便感染新冠病毒，被迫在家隔离休养，但依然锻炼不辍，并削发明志，剪成圆寸的"CR7"积极、自信地保持身体状态，很快就战胜新冠病毒（轻症）。

 11 月 1 日，意甲第六轮，C 罗在确诊新冠肺炎 19 天之后痊愈并复出，替补登场的他梅开二度，率领尤文图斯以 4 比 1 轻取斯佩齐亚，似乎没有受到新冠肺炎的过多影响。彼时，人们又惊讶于 C 罗体魄的强大。

 C 罗因为新冠肺炎而缺席了两场意甲和两场欧冠小组赛，而欧冠缺席的一场关键战便是尤文图斯主场迎战巴萨的比赛。C 罗与梅西就这样擦肩而过，"绝代双骄"的故事在"CR7"离开皇马的那一刻，变得断断续续，而球迷们都在企盼他们能再次相遇。

 在 C 罗休战期间，尤文图斯破门乏术的缺点暴露无遗，接连与弱旅克罗托内和维罗纳"闷平"。C 罗复出后的若干轮意甲联赛数据显示，只要 C 罗进球，尤文图斯便保持不败，而在 C 罗没有进球的比赛中，尤文图斯的胜率仅为三成。

 怎样摆脱 C 罗依赖症，是"少帅"皮尔洛亟待解决的难题。

欧冠再折戟

CRISTIANO RONALDO

由于感染新冠病毒的缘故，C 罗的欧冠进球账户一直到 2020 年 11 月 25 日对阵费伦茨瓦罗斯时才打开，并且在最后的三场小组赛连续进球。其中 12 月 9 日对阵巴萨，C 罗更是独中两元，而梅西依旧没有攻克布冯的球门。最终，"斑马军团"以 3 比 0 大胜"红蓝军团"，锁定小组头名，C 罗在后时代的"绝代双骄"对决中，赢得一枚胜利的砝码。

尤文图斯在欧冠小组赛顺风顺水，但到了淘汰赛阶段却再次遭到厄运，这次他们面对的是来自葡萄牙的劲旅——波尔图。

2021 年 2 月 18 日，欧冠 1/8 决赛首回合比赛在波尔图巨龙球场进行。开场仅 63 秒，塔雷米便抓住尤文球员本坦库尔的回传失误，将球捅进球门，给"斑马军团"当头一棒。下半场开场还不到 1 分钟，马雷加接队友威尔逊·马纳法低平球传中推射破门。波尔图凭借上下半场开场的闪电进球，在主场以 2 比 0 领先对手，尤文球员有些沮丧。

C 罗、莫拉塔和小基耶萨在前场迟得不到中场的支持，C 罗更是屡屡落入对方的夹抢之中。直到第 82 分钟，拉比奥特突然沿左路前插，将球传给右路包抄的小基耶萨，后者一脚推射破门，尤文图斯取得了一粒宝贵的客场进球。

3 月 10 日，带着 1 比 2 的比分回到主场，尤文图斯与波尔图的欧冠 1/8 决赛次回合之战打响。开场第 19 分钟，德米拉尔在禁区内放倒塔雷米，送给波尔图一粒点球，奥利维拉一蹴而就，将总比分变成 3 比 1，领先优势扩大到两球。

下半场刚刚开场，第 48 分钟，C 罗在禁区内接博努奇的过顶长传，直接将球停给小基耶萨，后者随即一脚搓射将球送入球门死角。第 62 分钟，又是小基耶萨，在门前抢点头球破门，将总比分扳成 3 比 3 平。

加时阶段，比赛第 115 分钟，奥利维拉主罚任意球，踢出了一记角度极其刁钻的"贴地斩"，皮球从什琴斯尼的手指尖划过，打入球门右下死角。

1 分钟后，尤文图斯左侧开出角球，C 罗大力抽射将球扫向球门，波尔图门将奋力将球扑出。尤文图斯再次开出角球，拉比奥特高高跃起，将皮球顶进了球网。

虽然尤文图斯闪电进球，将比分扳成 4 比 4 平，但波尔图还是凭借客场竞胜球多的优势（2 比 1），淘汰了"斑马军团"，挺进欧冠 8 强。

连续两年，尤文图斯并没有在比分上输给对手，而是因为净胜球的劣势被挡在欧冠 8 强之外。真可谓：其败，非战之过，时也，命也……

再次折戟欧冠，成为尤文图斯溃败的诱因。2020/2021 赛季，"斑马军团"在意甲联赛上半程低迷不振，下半程 18 轮虽然只输掉了 4 场比赛，但依然无力卫冕，只能目送国际米兰夺得意甲冠军，尤文图斯最后仅名列意甲第四，勉强保住下赛季的欧冠参赛席位。

自此，"斑马军团"无缘意甲十连冠，皮尔洛的尤文少帅生涯也走到了尽头。

自 2017 年来，尤文图斯连续三个赛季在阵容和教练岗位上做大幅调整，试图打破欧冠魔咒，结果不但未能如愿，反而连一向视为囊中之物的意甲冠军也被国际米兰夺走。

尤文图斯只能从头再来，放弃过去三年的激进战略，转而重新从稳固国内统治地位开始。2021 年 5 月 28 日，尤文图斯宣布解雇球队主帅皮尔洛。三个小时之后，尤文图斯宣布前主帅阿莱格里回归。

连续两年止步欧冠 16 强，让 C 罗已经不再对尤文图斯抱有希望与耐心。

平心而论，已经 36 岁的 C 罗依旧是这个星球上最好的前锋之一。在刚刚过去的 2020/2021 赛季，他在意甲赛场打入 29 球，夺得意甲金靴，成为历史上首位同时拥有英超、西甲和意甲金靴的球员。

C 罗还在 3 月 15 日对阵卡利亚里的比赛中，上演"帽子戏法"，攻入自己的第 770 球，超越球王贝利（767 球），跻身世界足球历史总射手榜的第三位。

第十三章
重回曼联

终 极 刺 客 ：C 罗 传

再续红魔缘

连续冲击欧冠之巅无果之后，C罗和尤文图斯的缘分似乎也走到尽头。

2021年6月12日，因为疫情原因推迟一年的欧洲杯终于打响。C罗率领上届冠军葡萄牙队再次出征，却在1/8决赛被比利时以1比0淘汰。虽然未能在欧洲杯完成卫冕，但C罗还是打进5球，将欧洲杯总射手王的上限提升到14球。

2021年夏天虽然受到疫情影响，却诞生了一个最疯狂的夏季转会窗。

在此期间，就连"诺坎普之王"梅西也离开了效力21年之久的巴萨，没有写就一生一队的佳话，三年前C罗告别皇马的剧情如今又重现了一回。巴黎圣日耳曼不仅迎来梅西，还接连引进拉莫斯、唐纳鲁马和维纳尔杜姆；曼联拿下瓦拉内和桑乔；切尔西迎回卢卡库；曼城买下格拉利什。在诸强都招兵买马之时，尤文图斯几乎毫无作为。

没有引进精兵强将，"斑马军团"不仅与欧冠冠军渐行渐远，而且在意甲也霸业难图。36岁的C罗志存高远，不愿在此荒废光阴，加上归来执教的阿莱格里教练与他并不投缘，于是萌生去意。

当初尤文图斯签下C罗是为了打破欧冠无冠的尴尬局面，C罗在为球队效力的三年间一共打进101球，火力依旧强大。可C罗越发光，队友越暗淡，久而久之，尤文患上"C罗依赖症"。而C罗也孤掌难鸣，缺少有效支援，尤文图斯三年战绩徘徊不前。

C罗在尤文图斯效力三年，出战134场，打进101球，送出22次助攻，率领球队夺得2届意甲冠军、2届意大利超级杯冠军、1届意大利杯冠军，并荣膺意甲最佳球员，摘得意甲金靴等奖项。可谓荣耀满载、战功赫赫，但C罗在都灵找不到归属感。

游子回家，如果说世界上有哪里能让C罗有家的感觉，那就是曼联。

当C罗宣布离开尤文图斯时，多家俱乐部闻风而动，其中曼城引进C罗的心情最为迫切，由于阿奎罗离开，"蓝月亮"正缺少正印中锋。而C罗要加盟"同城死敌"曼城的消息一经传出，作为昔日母队的曼联心急如焚，他们出动老爵爷、费迪南德大打感情牌，并且告诉C罗，"梦剧场"的球迷都在翘首企盼他早日回家。

2021年8月27日晚上11点53分，曼联终于官宣：C罗回归，转会费总计2300万

英镑（1500 万英镑外加 800 万英镑的浮动条款），签约两年，并附带一年续约选项。

曼联的孩子，终于要回家了。

作为名义上的英国第二大城市，曼彻斯特杂糅了现代化的城市文明和最传统的足球氛围——维多利亚火车站旁的国家足球博物馆便是最好的证明。

由于国家足球博物馆的存在，周边商区的酒吧、餐厅、服饰和出行等产业都被烙上了深深的足球烙印。在每一个比赛日里，这里随处可见纵酒高歌的球迷。人们在任何一个转播比赛的显示屏前驻足，为那些自己支持的或不支持的球队与球员们干杯，与身边的陌生人聊上两句足球，从而成为这一时间的朋友。

麦克海尔·里斯就是这样一位普通的"红魔"球迷。

2021 年 8 月 27 日，麦克正在咖啡馆享受着下午茶，手机突然收到一条卫报推送：欢迎回家——曼联与尤文图斯就签下 C 罗达成协议。麦克回忆：那是一个无比美妙的下午，因为在过去的一周，C 罗一直与曼联的"同城死敌"—— 曼城联系在一起。

"我在 18 年前就看 C 罗踢球，那是他刚来曼联的第一个赛季，我当时并不看好他。当时我总在想，这个孩子是谁，他就不能把球传给范尼吗？！"麦克喝了一大口莫雷蒂啤酒，自嘲道，"显然是我错了。但是当我知道他要去曼城时，又坐不住了。这太离谱了！C 罗要回英格兰，他当然要回到曼联！"

是的，克里斯蒂亚诺·罗纳尔多，他将曼联 18 年前最荣耀的时光带了回来，也将会将这段时光续写下去。

完美首秀

CRISTIANO RONALDO

  C 罗回归曼联，原来的"红魔"7 号的卡瓦尼心甘情愿地把 7 号让给原来的主人。C 罗在离开 12 个赛季后，重新披上象征着传奇与荣耀的曼联 7 号球衣。

  2021 年 9 月 5 日，C 罗曼联 7 号球衣开售 12 小时，销售额就高达 3250 万英镑，创造英超历史球衣销量新纪录。24 小时后，C 罗球衣单日销量又打破前不久签约巴黎圣日耳曼的梅西的球衣销售纪录。而一周后，C 罗"红魔 7 号"球衣销售总额突破 1.8 亿英镑大关，仅凭这一进项，曼联就赚得盆满钵满，况且他们还得到一个依旧巅峰的 C 罗。

  2021 年 9 月 11 日，英超第 4 轮，曼联坐镇主场对阵纽卡斯尔联，主教练索尔斯克亚早早宣布 C 罗会在本场比赛中首发。C 罗回归曼联的首秀成为焦点，老特拉福德球场被海量身穿 7 号 C 罗球衣的球迷们包围，一片红色海洋，弗格森爵士也亲自来到现场。

  赛前，C 罗在个人媒体发文："同样的地点，同样的精神，新的冒险！加油'红魔'！"

　　慑于曼联的实力与 C 罗的威名，纽卡斯尔联踢得异常保守，在后方囤积 5 名后卫和 4 名中场，曼联一时间也束手无策。上半场进入补时阶段，比赛第 47 分钟，格林伍德突施冷箭，一记猝不及防的远射导致纽卡门将伍德曼扑救脱手，C 罗拍马赶到，一蹴而就，将球捅就球门。"梦剧场"顿时陷入狂欢，时隔 12 年（4507 天），身披曼联球衣的 C 罗又进球了，他以 36 岁 218 天的年龄成为曼联队史英超第三年长的进球者。

　　下半场易边再战，第 56 分钟，纽卡斯尔右后卫曼基略小角度射门得手，扳平比分。

　　第 61 分钟，C 罗在高速反击中推进到小禁区前沿，果断左脚推射，皮球从纽卡门将伍德曼两腿之间穿过，这也是他为曼联打入的第 120 粒进球。

　　凭借 C 罗的"梅开二度"，曼联再次将比分超出。

　　此后，博格巴与林加德相继破门。最终，曼联在以 4 比 1 大胜纽卡斯尔联。

　　打满全场，两粒进球，C 罗回归曼联的首秀堪称完美。

　　赛后曼联主帅索尔斯克亚感慨道："感觉回到过去那些时光，C 罗对我们来说，就是曼联历史上最特别的球员。"而《阿斯报》主编龙赛罗更是盛赞："重回'梦剧场'就梅开二度，C 罗绝对是这个星球上最好的球员。"

逆境之王

年逾 36 岁的 C 罗随曼联征战欧冠赛场，依旧保持着超级杀手的本色。

2021 年 9 月 15 日，欧冠小组赛，虽然曼联爆冷以 1 比 2 不敌瑞超球队伯尔尼年轻人，但 C 罗开场仅 13 分钟便打进一球，在"红魔"欧冠首秀战中表现还是可圈可点。

9 月 30 日，曼联坐镇主场比利亚雷尔，90 分钟战罢，双方 1 比 1 战平。比赛进入伤停补时阶段，第 95 分钟，C 罗接林加德回球，小角度射门得分，奉献一记读秒绝杀。

10 月 21 日，曼联以 3 比 2 在主场艰难地逆转了亚特兰大，C 罗在第 80 分钟头球破门，再一次命中绝杀球。关键时刻，C 罗再一次挺身而出，主宰比赛，成为名副其实的"逆转之王"。亚特兰大也成为第 38 支被 C 罗攻破大门的欧冠球队。

虽然在各大联赛中大杀四方的射手层出不穷，但在欧冠赛场对阵不同联赛的对手时，能持续稳定输出的球员屈指可数，这就是各大豪强都对 C 罗趋之若鹜的原因。

C 罗老而弥坚、永不言弃，对于这支年轻的曼联来说，他不仅是摧城拔寨的利器，还是精神导师和意见领袖。尤其是年轻的格林伍德、桑乔、拉什福德和林加德，能从 C 罗和卡瓦尼这样的前辈身上学到更多的经验技术与意志品质。

2021 年 10 月，曼联在英超联赛中遭遇巨大滑坡，接连输给阿斯顿维拉、莱斯特城和利物浦。尤其是 10 月 24 日，耻辱地以 0 比 5 输给"死敌"利物浦之后，"红魔"将士们士气低落、状态低迷，主教练索尔斯克亚甚至面临下课的危险。

而挽救这一切的，仍然是 C 罗。10 月 31 日曼联对阵热刺，比赛第 38 分钟，C 罗在门前抽射率先破门，又在第 63 分钟助攻卡瓦尼单刀得手。C 罗传射建功，率领"红魔"以 3 比 0 大胜对手，从白鹿巷全取三分的同时，也打破了曼联在英超联赛四轮不胜的尴尬局面。在全队危难之际，C 罗凭一己之力将球队从崩盘的边缘挽救回来。

欧冠小组赛，如果说 C 罗用两次绝杀展示了何谓"逆境之王"，那么接下来的比赛他更是将"逆境之王"的境界推向一个新高度。

2021 年 11 月 3 日，曼联客场挑战亚特兰大，两度落后之时，又是 C 罗站出来，他凭借着上下半场伤停补时阶段各打进的一粒进球，力保"红魔"从贝加莫全身而退。36 岁

零270天的C罗成为欧冠完成"梅开二度"第二年长的球员，第一是因扎吉（37岁零86天）。

11月24日，欧冠小组赛第五轮，曼联客场挑战比利亚雷亚尔。

一开场"黄色潜水艇"便攻势如潮，"红魔"门将德赫亚高接低挡力保球门不失。直到比赛第77分钟，C罗在大禁区线上附近用一记轻巧的挑射打破僵局，随后桑乔又打进1球，曼联以2比0在客场击败比利亚雷亚尔，提前一轮小组出线。

欧冠小组赛战罢，根据数据统计，确保曼联晋级的10个积分全部与C罗息息相关，如果没有他，曼联能否出线要打上一个大大的问号。

此外，C罗还缔造了诸多个人纪录：欧冠小组赛连续5场破门，英超历史第一人；打进个人生涯欧冠第140球，稳居历史第一；职业生涯总进球数达到799球，距离800球里程碑一步之遥。

2021年12月3日，英超第14轮迎来焦点战——曼联坐镇主场迎战阿森纳，C罗此役完成双响，解锁了职业生涯第800球和第801球。比赛过程跌宕起伏，"枪手"率先破门，布鲁诺·费尔南德斯（简称B费）半场结束前扳平比分。下半场比赛，成了C罗的个人表演时间。第51分钟，拉什福德突破后横传，C罗拍马赶到推射破门，解锁职业生涯第800球。

两分钟后，厄德高的进球将比分改写为2比2。第68分钟，曼联获得点球机会，C罗一蹴而就，曼联以3比2击败阿森纳，如愿全取3分。

2022年1月18日，C罗获得国际足联颁发的男足运动员特别奖。过去的2021年，C罗收获了职业生涯第800粒进球，并成为国家队历史总射手王、欧洲杯历史总射手王（14球）和助攻王（6次），并夺得欧洲杯金靴、意甲金靴，可谓实至名归。

巅峰依旧

CRISTIANO RONALDO

2022 年，C 罗遭遇生涯最糟糕的新年开局，前 10 场比赛只打入 1 球，很多人都在质疑他老了。然而"CR7"就是"CR7"，外界的质疑只会成为他前进的动力。

2022 年 3 月 13 日，英超第 29 轮，曼联在老特拉福德球场迎接热刺的挑战，这是一场争夺欧冠席位的关键战，C 罗奉献了重返"梦剧场"之后最伟大的表演。

比赛第 12 分钟，C 罗接费雷德脚后跟妙传，拔脚怒射，先是用一脚"世界波"轰开对手的大门，随后第 35 分钟，凯恩主罚点球命中，将比分扳成 1 比 1 平。

第 38 分钟，又是 C 罗插入禁区，接桑乔传中推射破门，曼联再度以 2 比 1 领先。

顽强的热刺展开反扑，第 72 分钟雷吉隆杀入禁区传中，马奎尔慌乱解围将球捅进自家球门，凭借这位曼联队长的乌龙大礼，热刺再度将比分扳平，2 比 2。

第 81 分钟，又是 C 罗接到特莱斯开出的角球，在门前高高跃起，头球破门，上演"帽子戏法"，率领曼联以 3 比 2 力克热刺。在完成职业生涯第 59 次"帽子戏法"之后，C 罗职业生涯总进球数达到 807 球，超越"上古大神"约瑟夫·比坎于 1957 年保持的世界球员历史进球纪录（805 球），正式加冕足球历史射手王。

C 罗老当益壮的表现振奋人心，44 岁的橄榄球巨星汤姆·布雷迪在老特拉福德观看这场比赛之后，便宣布复出，重返坦帕湾海盗队继续其职业生涯。

C 罗的高光时刻远不止于此，2022 年 4 月 16 日，他再次上演"帽子戏法"，率领曼联以 3 比 2 击败诺维奇。至此，他共完成 60 次"帽子戏法"，成为足坛历史上"戴帽"最多的现役球员，同时他与梅西共同保持欧冠赛场（8 次）"帽子戏法"最多纪录。

2021/2022 赛季结束，C 罗代表曼联出场 38 次、打进 24 球，其中在英超联赛中打入 18 粒进球，虽然排在萨拉赫、孙兴民（进 23 球并列第一）之后，名列射手榜第二，但 C 罗面对强队（英超前五的球队）打入 8 球，进球数冠绝英超，堪称"硬仗第一人"。

放眼世界足坛，天才球员虽然层出不穷，但没有人比 C 罗的巅峰期更持久。关于这位葡萄牙巨星的成功秘诀，老帅安切洛蒂一语中的："C 罗是所有职业球员的终极典范，他从不会因为现有的成绩感到满足。我担任皇马主帅之后，才明白 C 罗每天有多努力。"

专注、勤奋加上永不止境的进取精神，正是 C 罗区别于其他球员的显著特质，用他自己的话说："这些是我 DNA 中的东西。"

虽然 37 岁的 C 罗巅峰依旧，依然是曼联的第一射手和最佳球员，但他的"孤勇"无法挽救江河日下的这支"红魔"。英超第 6 的尴尬战绩让曼联失去了下赛季征战欧冠的资格。对于 C 罗而言，失去欧冠的比赛资格无疑是其无法承受之殇。

如今的 C 罗并不在乎金钱与荣誉，他已经将欧冠射手王、助攻王集于一身，并坐拥五个欧冠冠军，已经达到无上的巅峰境界，但他那颗骄傲而又敏锐的心依旧驱使他不断奋进，以保持引领者的角色，为此，37 岁的 C 罗不甘心"空耗"一年。

2022 年休赛期，关于"C 罗去哪儿"的猜测甚嚣尘上。罗马、切尔西、拜仁、皇马与马德里竞技等豪强都成为他的潜在下家，甚至传出沙特豪门以 2.5 亿欧元的天价招揽他。7 月 15 日，沉默许久的 C 罗在个人社交平台上更新动态，晒出自己身穿曼联训练短裤的健身照片，并附文"努力工作"，一时间粉碎了众多谣言。

虽然"C 罗去哪儿"的传闻依旧未尘埃落定，虽然如今曼联"怒其不争"，似乎无法匹配优秀的 C 罗，但 C 罗与"红魔"的缘分远未结束，而这一切交给时间。

叱咤足坛 20 载，从葡萄牙到英格兰，从西班牙到意大利，C 罗不断面对全新的挑战。无论去哪里，他都能率队赢得冠军，并打破进球纪录。即便 37 岁，他依然能在球场上予取予求，用实际行动告诉人们，年龄不过是一个数字，传奇仍在继续！

PORTUGAL/MACEDÓNIA DO NORTE
MARÇO 2022
PORTO

第十四章

战至终章

终 极 刺 客：C罗 传

葡萄牙往事

CRISTIANO RONALDO

2002 年韩日世界杯期间，C 罗还是 17 岁的青葱少年，他在电视机前看着"黄金一代"领衔的葡萄牙队，以 9 人（被罚下两人）对阵韩国队被击败，止步于小组赛时留下了伤心的泪水，那是葡萄牙"黄金一代"的鼎盛年华，世界杯的希冀在那一刻梦碎。

也是从那一刻起，C 罗就明确志向：率领葡萄牙队终结百年无冠的魔咒，完成前辈尤西比奥、菲戈们的未竟理想，去夺取欧洲杯，夺取世界杯。

2004 年葡萄牙欧洲杯，C 罗终于在家门口披上国家队战袍。葡萄牙队一路杀进决赛，却成全了"希腊神话"。那时还是"小小罗"的 17 号少年，在失误与眼泪中匆匆结束了国家队的青涩之旅。然而当时也许没有人会想到，一位少年的巨星之路已悄然开启。

C 罗一直肩负振兴葡萄牙足球的重任，从 2004 年欧洲杯横空出世的"单车少年"，到 2006 年世界杯接过"黄金一代"的火炬，再到 2008 年欧洲杯确立核心地位。

2010 年，C 罗已成为世界顶尖巨星，他率领"红魔"问鼎欧冠、夺得金球奖，以世界第一身价驾临伯纳乌。昔日追风逐电的"小小罗"蜕变成霸道"总裁"，但国家队荣誉的空白如芒在背，时时刻刻地刺痛着 C 罗那颗骄傲的王者雄心。

2010 年，C 罗独自率领"葡萄牙舰队"开始了怒海孤航，他们在南非世界杯被西班牙队（当届冠军）淘汰，聊以慰藉的是，C 罗收获了世界杯的首粒进球。2012 年欧洲杯，葡萄牙队依旧折戟沉沙。2014 年世界杯 C 罗还是孤掌难鸣，小组赛草草出局。

2016 年欧洲杯，C 罗终于率领葡萄牙队夺得德劳内杯，登上欧洲之巅。

然而作为新科欧洲杯冠军，葡萄牙队在 2018 年俄罗斯世界杯并没有走得太远，1/8决赛被乌拉圭队淘汰。对阵西班牙队的"帽子戏法"，成为 C 罗此届杯赛最闪光的印迹。

2021 年欧洲杯终于打响，这次杯赛因疫情推迟一年，C 罗又老了一岁。不过 36 岁的他依旧宝刀不老，他在此届杯赛打进 5 球，夺得欧洲杯金靴，并以总 14 粒进球超越普拉蒂尼（9 球），成为欧洲杯历史射手王。可惜 C 罗个人的极致绽放换不来全队的整体爆发，单核的葡萄牙队还是没有通过"欧洲红魔"比利时队的大关，止步于 16 强。

经过一届失意的欧洲杯之后，2021 年 9 月 2 日，C 罗在对阵爱尔兰队的世界杯预选

　　赛中梅开二度，率领葡萄牙队战胜对手，稳坐小组头名。而这两粒进球也使他在国家队总进球数达到 111 球，超过伊朗传奇球星阿里·代伊（109 球），成为国家队总射手王。

　　C 罗早在 2021 年 6 月 24 日葡萄牙队与法国队的欧洲杯小组赛上，总进球数就追平代伊，当时代伊就曾祝贺 C 罗："109 球纪录被你打破，这是我的荣幸。"

　　C 罗从来没有忘记过自己的承诺，他要率领葡萄牙队去夺取大力神杯。他要完成前辈尤西比奥和菲戈这两代传奇巨星未竟的事业。

　　即便 37 岁了，又如何？ C 罗依旧处于巅峰状态，依旧强大，就像他所说："只要自己还没老到跑不动，就一定带领葡萄牙完成复兴。"

五进世界杯

CRISTIANO RONALDO

　　葡萄牙队通往 2022 年卡塔尔世界杯的晋级之路可谓一波三折。他们与塞尔维亚队、爱尔兰队、卢森堡队和阿塞拜疆队同分在世界杯预选赛欧洲区的 A 组，葡萄牙队曾一度强势领跑，最后关头却被塞尔维亚队逼到打附加赛。

　　2021 年 3 月 31 日，C 罗在世预赛第三轮对阵卢森堡队时才打开进球账户。9 月 1 日，世预赛第四轮，C 罗梅开二度，绝杀爱尔兰队。那场比赛葡萄牙队一直以 0 比 1 落后，直到第 88 分钟和第 96（伤停补时）分钟，C 罗才"头球双响"，率队全取 3 分。

　　2021 年 10 月 13 日，葡萄牙队在主场以 5 比 0 大胜卢森堡队。C 罗上演"帽子戏法"，国家队总进球数达到 115 粒，他也成为首位国家队"戴帽"（10 次）上双位数的球员。

　　赛后，C 罗在社交媒体上表示，"主场作战，观众全力为我们助威，让胜利变得容易。我曾经承诺一直追寻胜利，这就是我和葡萄牙队的 DNA！"

　　大胜卢森堡队后，葡萄牙队又迎来一波四连胜，以 6 战积 16 分高居榜首，领先塞尔维亚队（14 分），但最后两轮，他们却遭遇危机。

　　葡萄牙队在客场被爱尔兰队以 0 比 0 逼平，但最后一轮他们打平就能直接晋级世界杯。"打平就能出线"，这句话里暗藏玄机。

　　2021 年 11 月 15 日，葡萄牙队在里斯本光明球场迎战塞尔维亚队。开场仅两分钟，桑切斯便抽射得手，葡萄牙队以 1 比 0 领先。此后风云突变，第 33 分钟，塔迪奇在弧顶劲射势大力沉，导致葡萄牙门将帕特里西奥脱手，皮球入网，塞尔维亚队扳平比分。

　　第 89 分钟，米特罗维奇在小禁区左侧头球破门，打入绝杀球，塞尔维亚队以 2 比 1 击败葡萄牙队，昂首挺进卡塔尔世界杯，而葡萄牙队被迫参加残酷的附加赛。

　　欧洲区附加赛强手如林，葡萄牙队与欧洲杯新科冠军意大利队同分在 C 组，两大强队注定有一支无缘世界杯。然而葡意争霸的场面并没有上演，2022 年 3 月 25 日，意大利队在附加赛第一场就爆冷输给北马其顿队，欧洲杯冠军 32 次射门无果后，被对手在伤停补时第 2 分钟打进 1 球，惨遭绝杀。优雅的"蓝衣军团"无缘卡塔尔世界杯。

　　与此同时，土耳其队射失关键点球，葡萄牙队在主场以 3 比 1 战胜对手，进入欧洲

区附加赛 C 组决赛，将与"黑马"北马其顿队一战定胜负，胜者晋级世界杯。

2022 年 3 月 27 日，感染新冠肺炎的佩佩完全康复，火线归队。C 罗带头列队高呼："国王回来了！"昔日皇马最强之矛与最强之盾终于再度聚首，并肩为国而战。

2022 年 3 月 30 日，欧洲区附加赛 C 组决赛，葡萄牙队对阵北马其顿队。佩佩虽然已 39 岁，但依然是葡萄牙队最稳健的防守大闸，并有一手插上助攻的绝活。前有 C 罗仗剑冲锋，后有佩佩持盾坚守，这一幕又唤醒无数人的青春记忆。

比赛第 31 分钟，C 罗快速插上，得球后用外脚背斜传给 B 费，后者顺势拔脚怒射，一箭穿心，葡萄牙队以 1 比 0 领先。第 64 分钟，又是 B 费拍马赶到，一脚抽射，再次破门锁定胜局，2 比 0，北马其顿队最终被葡萄牙队淘汰。

虽然 C 罗没有进球，但奉献了关键助攻，奠定胜势。葡萄牙队才得以击败"黑马"北马其顿队，有惊无险地搭上卡塔尔世界杯的"末班车"。自此，C 罗继 2006 年、2010 年、2014 年和 2018 年之后，第五次踏上世界杯之旅。

C 罗来了，梅西也在，"绝代双骄"均会出现在卡塔尔世界杯。何"10"再见，后会有"7"！这可能是 C 罗与梅西世界杯的终极之战，我们且看且珍惜！

率领葡萄牙队成功挺进世界杯，C 罗并未因此放缓前进的脚步。2022 年 6 月 6 日，欧洲国家联赛 A2 组第 2 轮，葡萄牙队以 4 比 0 大胜瑞士队。代表国家队第 188 次出场的 C 罗继续刷新欧洲纪录的同时，梅开二度，提升了国家队总进球数的历史上限。

截至 2022 年 6 月底，C 罗的国家队总进球数达到 117 粒，同时他的职业生涯总进球数高达 815 粒，遥遥领先其他球员，独享历史第一射手的宝座。

二十年弹指，后会有"7"

CRISTIANO RONALDO

"我的肩上是风，风上是闪烁的星辰。"

20年云蒸霞蔚，一路走来，C罗荣耀满载、收割纪录不计其数，而肩负的使命与心中的执念不断驱使他，一路向前！

2002年8月13日，C罗首次代表葡萄牙体育（一线队）登场比赛，正式开启自己的职业生涯。或许，那位17岁少年在踏上草坪的那一刻不会想到，20年之后，他将拥有怎样一个波澜壮阔的职业生涯……

2022年，37岁的C罗驰骋足坛已整整20个年头。20年弹指瞬息而过，但他开辟出一片永恒璀璨的荣耀星空。C罗在老特拉福德、伯纳乌和安联体育场的万众欢呼声中登顶封神，将英超、西甲、意甲金靴集于一身。5座金球奖杯、5届世界足球先生，欧冠历史最佳射手、欧洲杯历史最佳射手、国家队历史最佳射手，无数个人至尊荣誉与纪录都成为C罗个人荣耀室的陈列品。而他率队夺得5座欧冠冠军，分别率领曼联、皇马、尤文图斯将英超、西甲、意甲联赛的冠军都收入囊中，实现俱乐部荣耀的大满贯。

C罗天赋异禀，但成为赢家，更源于勤学苦练、高度自律，以及一颗永不言败的心。

20年纵横捭阖、制霸天下，C罗的职业生涯堪称完美，如果说美中不足，那便是他率领葡萄牙队在世界杯上四度折戟。2022年，C罗将再次率领葡萄牙队挺进卡塔尔世界杯，他已拥有7粒世界杯进球，但还不够。如今葡萄牙队阵容鼎盛，不仅拥有佩佩、丰特等百战老将，若塔、B费、桑切斯等实力干将，还有菲利克斯这样的生力军。

卡塔尔世界杯，葡萄牙队与乌拉圭队、韩国队以及加纳队同在H组。

正所谓"不是冤家不聚头"，2018年被乌拉圭队淘汰止步16强的"新仇"要雪，2002年被韩国队截杀于小组赛的"旧恨"也要报。当然，克韩抗乌只是起点，率领葡萄牙队去问鼎世界杯，才是C罗的终极理想。

20年一路走来，C罗扶摇直上，让一件件看似遥不可及的梦想变成现实，一路走来，他既是观众眼中的壮阔风景，又成为后来者立志达成的榜样。

那个17岁的少年在登上赛场的那一刻，只想着能突破对手、攻破球门。从葡萄牙

到英格兰，从替补席到首发，从首发到王牌。每一次跑位、每一次触球、每一次过人、每一次争顶、每一次射门，都变成了他一路走来的一个个脚印，变成了他荣誉簿上的一块块勋章，变成了对每一位后辈球员都极具启示的路标。

关于克里斯蒂亚诺·罗纳尔多的故事，永无终章，那个如刀锋般赫然闪耀的 7 号将在无数人的记忆中成为永恒。2002 年的人们不会想到这是一段传奇旅程的起点，而 2022 年的人们笃定这段传奇旅程必将继续下去……

刺客终有收剑日，传奇绵绵无绝"7"……

刺客之履

C罗二十大战靴

CRISTIANO RONALDO

01 CR Mercurial Vapor SuperFly Ⅱ

　　C罗的第一款专属"刺客"战靴，诞生于2010年10月。彼时，C罗空降伯纳乌已有一载，他和卡卡成为新"银河战舰"的王牌组合。耐克在小罗之后急需找到一位招牌巨星来扛起足球鞋大旗，于是他们选择了C罗，并为其度身定制个人专属版足球鞋——"刺客CR7"系列。

　　2010年11月，第一款"雪豹"战靴横空出世。此款足球鞋当时的标语是"Be Fast，Be Seen"，大胆出位的豹纹设计让这双战靴引起了不小的轰动。

● MERCURIAL VAPOR SUPERFLY II

02 CR Mercurial Vapor SuperFly Ⅲ

　　2011年，耐克换汤不换药地发布了第二款C罗专属球鞋。相比于"雪豹"的惊艳，"黑豹"更加内敛低调。而这双鞋也给C罗本人带来了好运，在那一年的西班牙国家德比中C罗穿着该款球鞋打入巴萨一球。

● CR MERCURIAL VAPOR SUPERFLY III

> 　　从 2010 年耐克为 C 罗推出首款"刺客 CR7"战靴开始，到 2022 年，"刺客"战靴已推出 30 款，成为耐克旗下最成功的签名足球鞋。
>
> 　　2022 年也是 C 罗职业生涯的第 20 个年头，在此我们甄选了 20 款"刺客"战靴，以示纪念。

03 Mercurial Vapor Superfly Ⅲ CR7

　　C 罗的第三款专属足球鞋拥有醒目的条纹设计，因此在国内鞋迷圈子中，该鞋也被称作"斑马"。虽然这个条纹设计叫好不叫座，但是不可否认的是，这款球鞋是 C 罗专属球鞋系列中辨识度最高的一款。

● Mercurial Vapor Superfly Ⅲ CR7

04 Mercurial Vapor Ⅷ CR7

　　这款专属球鞋搭载了"刺客"第 8 代中开始大肆流行的 ACC 科技。我相信相比于这款球鞋，更多人记住的是充分展现 C 罗性感的那句标语："Love to win, Hate to lose."。鞋下部的粉色和蓝色的点缀让原本沉闷的黑色显得生动活泼。

● Mercurial Vapor Ⅶ CR7

05 Mercurial Vapor Ⅸ CR SE

　　为了纪念 C 罗在 2011/2012 赛季创纪录地打进 59 粒进球而特别推出的"刺客"第 9 代。这款限量版 Mercurial Vapor Ⅸ CR SE 球鞋在全球仅仅发售了 100 双。鞋身上印有巨大的 CR7 字样，还收录了 C 罗在该赛季打破的各种纪录数字。

● Mercurial Vapor Ⅸ CR SE

06 Mercurial Vapor Ⅸ CR

　　在创纪录限量版球鞋推出仅几周后，又一款 C 罗专属"刺客"球鞋登场。这款球鞋因为其独特的黄白红配色，被国内鞋迷戏称为"咸鸭蛋黄"。另外，鞋身上还有一个 Safari 斑点风格的耐克大勾。这样大胆的风格似乎在"雪豹""黑豹"之后就很难看到，不过这个配色的球鞋反响平平。

● Mercurial Vapor Ⅸ CR

213

07 Mercurial Vapor Ⅸ Galaxy

2013 年 10 月，这双球鞋一经推出便大受欢迎，现代印刷技术打造的星空图案恢弘绚烂，与"银河战舰"相得益彰。绚烂星空中暗含 7 颗超新星，象征着 C 罗的 7 号。此款战靴成为经典款式，一直在"刺客"系列中名列前茅。

● Mercurial Vapor Ⅸ Galaxy

08 Mercurial Vapor Ⅸ CR7 Special Edition

多次与金球奖擦肩而过之后，C 罗终于力压梅西夺得2013 年度金球奖，领奖的那一刻他潸然泪下。为了纪念这一至尊荣耀加冕的时刻，耐克随即推出限量 100 双的金色大底"刺客"。作为 C 罗加冕金球的特别版球鞋，该款球鞋的纪念意义超过其本身，所以一度被热炒到非常高的价格。

● Mercurial Vapor Ⅸ CR7 Special Edition

09 Mercurial Vapor Superfly Ⅳ CR7

2014 年耐克推出 C 罗全新专属"刺客"，集合了当时的最新科技。仅 185 克的重量加上优化面料，高速带球时感觉非常不错。一体化鞋舌设计，增强了球鞋的包裹感，改进的鞋面微颗粒摩擦纹也更利于高速盘带。

新配色的鞋面布满了 3M 反光的"星点"，绿松石配色的大底也格外漂亮。耐克精妙地通过别致的设计取得了更大的影响。一个微妙而又能脱颖而出的波光粼粼的鞋面与碳纤维大底结合，确保 C 罗专属的独特性。

● Mercurial Vapor Superfly Ⅳ CR7

10 Mercurial Superfly CR7 FG

2015 年 4 月，耐克又为 C 罗打造了新款"闪银"配色。以"刺客"第 10 代足球鞋的顶级款 Superfly 作为基础，中帮鞋领和碳纤维大底均采用墨蓝色，耐克商标和"CR7"专属标志则用橙色描边。最为特别之处在于银色的鞋面上还镀上3M 反光闪粉，营造出太空繁星的即视感。

● Mercurial Superfly CR7 FG

11 Mercurial Superfly CR7 Savage Beauty

灵感源自 C 罗在 Madeira 火山岛艰苦的训练。以沉稳的黑色为基调，注入熔岩图案，给人耳目一新的震撼观感。鞋头以独特的渲染方式再现了火山岛，颇具张力的独特景观。

● Mercurial Superfly CR7 Savage Beauty

12 Mercurial Superfly CR7 Rare Gold

为庆祝 C 罗星光熠熠的 2014 年及其第 3 次获得金球奖，耐克推出了一款与众不同的黄金战靴。这款战靴选用金色作为主色调，因为黄金象征着 C 罗尊贵的荣耀，鞋身上的 CR7 标志更是采用手工镶嵌碎钻的设计。

● Mercurial Superfly CR7 Rare Gold

13 Mercurial Superfly CR7 324K Gold

此款足球鞋是为了纪念 C 罗以 324 粒进球成为皇马历史最佳射手而面世。这是一个他人难以企及的壮举，而陪伴他完成这一壮举的正是 Nike Mercurial 系列足球鞋。

● Mercurial Superfly CR7 324K Gold

14 Mercurial Superfly CR7 Natural Diamond

这双钻石版"刺客"对于 C 罗具有非凡的意义，C 罗在 12 岁离开家乡，开始了追梦之旅，他坦言，那是一段非常艰难的时光。这款鞋的后跟部分采用岩石纹理设计，代表着 C 罗开始追梦时所遇到的苦难。而在鞋的前身，该纹理逐渐消失，代表着 C 罗战胜苦难，实现梦想。

● Mercurial Superfly CR7 Natural Diamond

215

15 Mercurial Superfly

2016 年 5 月 28 日，C 罗率领皇马夺得队史第 11 个欧冠冠军，而他足登的便是这款战靴。这款采用全新尼龙大底，比碳纤维还要轻 40%，并且大胆地使用单层鞋底。

采用真空成型技术镂空鞋底，比以往的球鞋更轻。鞋钉具有更好的抓地力，并可以提高制动速度。在外观设计方面，这双鞋选择了罕见的鸳鸯配色，鞋的内侧为粉色，外侧为橙红色。

● Mercurial Superfly

16 Mercurial CR7 "Melhor"

为庆祝 C 罗荣膺 2017 年世界足球先生，耐克推出了这双以葡萄牙语 "Melhor"（最佳）命名的特别版战靴。这双特别版战靴在 CR7 Chapter V 的基础上稍加修改，鞋面保留了标志性的钻石细节设计，并在专属 Logo 上加入 "铂金" 效果以致敬这位新科世界足球先生。鞋面的 Swoosh 加入了独一无二的 3D 反射技术，在灯光下会闪耀出炫目的光芒。

● Mercurial CR7 "Melhor"

17 Mercurial Superfly□ Elite CR7

随着 C 罗转战亚平宁，耐克为 C 罗推出 CR7 系列的最终款——Built On Dreams（建立在梦想之上）。

红与银的鞋面配色灵感来源于耐克在 2009 年推出的第一代 Mercurial Superfly，鞋头脚趾区域以及中足底处的银色鞋面上布满了数字 7，致敬 C 罗的 7 号球衣。后跟内侧印有 C 罗签名，鞋垫上则印有 CR7 系列 7 个不同主题 Logo。

● Mercurial Superfly vi Elite CR7

216

18 Mercurial Superfly 7 Elite CR7

2020 年 9 月 8 日，C 罗在葡萄牙队与瑞典队的（欧洲国家联赛）一场小组赛，上演"梅开二度"，将自己的国家队进球数提升到 101 球。为了祝贺 C 罗突破百球大关，耐克为其打造了这双国家队百球纪念款足球鞋。

这双战靴以葡萄牙国家队主场球衣的红色为主色，鞋面上的闪电形 Swoosh 标识以及内侧鞋面上的"CR100"字样，均使用闪亮的金色装饰，后跟上则加入此前出现在 C 罗专属战靴上的金色罗盘徽章，鞋底也经过金色镀铬工艺处理。

● Mercurial Superfly 7 Elite CR7

19 Mercurial CR110

2021 年 9 月 1 日，葡萄牙队以 2 比 1 战胜爱尔兰队，C 罗独中两元，以 111 球超越阿里·代伊 109 球的世界纪录。为纪念这一里程碑，耐克推出了特别版 CR110 战靴。

此款战靴采用定制的白色和金色外观，并添加了碎片图案的彩色印花，以代表 C 罗不断打破纪录。

另外还有带斑点的鞋带，鞋舌上的图案标注了 C 罗为葡萄牙国家队打进第一粒进球的日期（2004 年 6 月 6 日）和具体时间（伤停补时第 90+3 分钟）。

● Mercurial CR110

20 Mercurial Superfly VIII Elite Dream Speed 5

2022 年 2 月 18 日，C 罗公布了新款球鞋，在 2021/2022 赛季的剩余时间里，他都将穿着这款 Mercurial Superfly VIII Elite Dream Speed 5（水星超级精英梦幻速度 5）征战。

整个鞋面采用淡绿、荧光黄、电子紫配色，以令人感到宁静的绿色逐渐过渡到紫色，配合线条图案，达到令人舒缓、平静的视觉效果。

球鞋鞋面采用 Vaporposite 科技，复合材质鞋面是以蜻蜓翅膀"为灵感设计，具有轻盈、触球感强等特点。微槽细节设计提供了加速爆发力，V 形鞋钉提供了多方向抓地力。

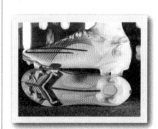

● Mercurial Superfly VIII Elite Dream Speed 5

217

刺客解码

C罗纪录、荣耀、数据榜

CRISTIANO RONALDO

C罗纪录榜

综合荣耀纪录

● 获得金球奖次数最多的欧洲球员：5次（2008年、2013年、2014年、2016年和2017年）

● 获得国际足联世界足球先生次数最多的球员：3次（2008年、2016年和2017年）

● 现役球员各项赛事进球最多的球员：815球（俱乐部698球、国家队117球）

● 在各大联赛进球最多的球员：497球（葡超3球、英超102球、西甲311球、意甲81球）

● 在不同国家联赛里获得金靴奖的球员：英超联赛（2007/2008赛季）、西甲联赛（2010/2011赛季和2013/2014赛季）

● 首位在英超、西甲和意甲都获得金靴奖的球员：英超1次（2007/2008赛季）、西甲3次（2010/2011赛季、2013/2014赛季和2014/2015赛季）、意甲1次（2020/2021赛季）

欧冠以及其他杯赛纪录

● 欧冠联赛出场最多的球员：183场

● 欧冠联赛进球最多的球员：141球

● 欧冠联赛命中点球最多的球员：19球

● 欧冠联赛助攻最多的球员：42次

● 欧冠联赛淘汰赛进球最多的球员：58球

● 欧冠联赛1/4决赛进球最多的球员：22球

● 欧冠联赛半决赛进球最多的球员：14球

● 欧冠联赛自然年进球最多的球员：19球（2017年）

● 欧冠联赛单赛季进球最多的球员：17球（2013/2014赛季）

● 欧冠联赛直接任意球进球最多的球员：12球

● 首位在欧冠联赛进球超100粒的球员

● 首位也是唯一一位在欧冠联赛3个赛季里进球达到15+的球员：（2013/2014赛季进17球、2015/2016赛季进16球、2017/2018赛季进15球）

● 欧冠联赛上演"帽子戏法"最多的球员：8次（与梅西并列第一）

● 首位欧冠联赛单赛季上演3次"帽子戏法"的球员：2015/2016赛季

● 欧冠联赛连续进球场次最多的球员：11场比赛

● 首位也是唯一一位在欧冠联赛中对阵同一对手打进10球的球员：尤文图斯

● 首位也是唯一一位欧冠联赛连续6个赛季获得最佳射手的球员：2012/2013赛季至2017/2018赛季

● 首位也是唯一一位三次在欧冠决赛进球的球员：2007/2008赛季、2013/2014赛季和2016/2017赛季

● 首位在欧冠联赛达到100场胜利的球员

● 获得欧洲金靴奖次数最多的欧洲球员：4次

● 世界杯上演"帽子戏法"最年长的球员：33岁零130天（2018年）

● 世俱杯最佳射手：8场进7球

● 欧洲杯进球最多的球员：14球（25场）

● 欧洲杯预选赛进球最多的球员：31球（35场）

● 唯一一位连续5届欧洲杯都有进球的球员：2004年、2008年、2012年、2016年和2021年

● 欧洲杯决赛圈头球进球最多的球员：5球

● 首位在英超上演"帽子戏法"的葡萄牙球员：2008年1月12日，对阵纽卡斯尔联

● 皇马欧冠联赛命中点球命中最多的球员：13球

● 首位在意甲上演"帽子戏法"的葡萄牙球员：2020年1月6日，对阵卡利亚里

● 在意甲联赛进球最多的葡萄牙球员：81球

● 入选欧足联年度最佳阵容次数最多：15次

● 皇马洲际赛事进球最多的球员：114球（包含欧冠联赛105球、欧洲超级杯2球和世俱杯7球）

● 皇马欧洲超级杯进球最多的球员：2球（2场）

● 皇马历史最快完成"大四喜"的球员：20分钟（2015年12月8日，欧冠联赛对阵马尔默）

各大俱乐部联赛纪录

● 西甲单赛季上演"帽子戏法"最多的球员：8次 [2014/2015赛季（与梅西并列第一）]

● 单赛季西甲面对所有球队均取得进球：2012/2013赛季（与梅西并列第一）

●单赛季西甲进球率最高的球员：8 轮进 15 球

●西甲命中点球最多的球员：61 球

●西甲最快到达 300 粒进球的球员：286 场比赛

●西甲连续六个赛季进球超 30+ 的球员：2010/2011 赛季至 2015/2016 赛季

●首位连续两个赛季西甲进球超过 40 球的球员：2010/2011 赛季（40 球）、2011/2012 赛季（46 球）

●连续 6 个赛季总进球超 50+ 的球员：2010/2011 赛季至 2015/2016 赛季

●皇马单赛季各项赛事进球最多：61 球，其中西甲进 48 球亦是皇马最多（2014/2015 赛季）

●皇马历史最佳射手：450 球（437 场比赛）

●皇马历史联赛最佳射手：311 球（292 场比赛）

●皇马历史欧冠联赛最佳射手：105 球（101 场）

●"马德里德比"进球最多的球员：22 球

●"国家德比"进球最多的皇马球员：18 球（与迪·斯蒂法诺并列第一）

●皇马上演"帽子戏法"最多的球员：44 次

●西甲联赛上演"帽子戏法"最多的皇马球员：34 次

●皇马最快完成"帽子戏法"的球员：8 分钟（2015 年 4 月 5 日，西甲对阵格拉纳达）

●曼联单赛季英超进球最多的球员：31 球（2007/2008 赛季）

●尤文图斯单赛季各项赛事进球最多的球员：37 球（2019/2020 赛季）

●首位在意甲首秀赛季能连续 7 个客场都有进球的球员：2018/2019 赛季

●意甲联赛连续 11 场比赛进球的球员：2019/2020 赛季（与巴蒂斯图塔和夸利亚雷拉并列第一）

国家队纪录

●历史最佳射手：117 球

●历史出场最多的球员：189 场

●历史上演"帽子戏法"最多的球员：10 次

●历史助攻最多的球员：42 次

●自然年进球最多的球员：14 球（2019 年）

●历史最年轻百场球员：27 岁 8 个月零 11 天

●欧洲杯进球最多的球员：45 球（包含预选赛）

●欧洲杯和世界杯预选赛进球最多的球员：67 球

●世界杯出场次数最多的球员：17 场

C 罗职业生涯数据榜

皇马总进球纪录榜

排名	球员	进球	出场
1	C罗	450 球	438 场
2	劳尔·冈萨雷斯	323 球	741 场
3	卡里姆·本泽马	311 球	593 场
4	迪·斯蒂法诺	308 球	396 场
5	桑蒂拉纳	290 球	645 场

欧冠联赛总进球纪录榜

排名	球员	国籍	进球
1	C罗	葡萄牙	141
2	里奥·梅西	阿根廷	125
3	罗伯特·莱万多夫斯基	波兰	86
4	卡里姆·本泽马	法国	86
5	劳尔·冈萨雷斯	西班牙	71

国家队"帽子戏法"次数纪录榜

排名	球员	国家	戴帽次数
1	C罗	葡萄牙	10 次
2	斯文·里德尔	瑞典	9 次
3	盖德·穆勒	德国	8 次
4	波尔·尼尔森	丹麦	8 次
5	桑多尔·柯奇士	匈牙利	7 次

葡萄牙国家队总进球纪录榜

排名	球员	总进球	效力时间
1	C罗	117 球	2003 年至今
2	保莱塔	47 球	1997-2006 年
3	尤西比奥	41 球	1961-1973 年
4	路易斯·菲戈	32 球	1991-2006 年
5	努诺·戈麦斯	29 球	1996-2011 年

欧洲杯历史射手榜

排名	球员	国籍	进球	出场
1	C罗	葡萄牙	14 球	25 场
2	米歇尔·普拉蒂尼	法国	9 球	5 场
3	阿兰·希勒	英格兰	7 球	9 场
4	安托万·格里兹曼	法国	7 球	11 场
5	路德·范尼斯特鲁伊	荷兰	6 球	8 场
	帕特里克·克鲁伊维特	荷兰	6 球	9 场
	韦恩·鲁尼	英格兰	6 球	10 场
	罗梅卢·卢卡库	比利时	6 球	10 场
	阿尔瓦罗·莫拉塔	西班牙	6 球	10 场
	蒂埃里·亨利	法国	6 球	11 场
	兹拉坦·伊布拉希莫维奇	瑞典	6 球	13 场

国家队"帽子戏法"表

日期	对手＆赛事	比分
2013 年 9 月 6 日	北爱尔兰（世界杯预选赛）	4 比 2
2013 年 11 月 19 日	瑞典（世界杯预选赛）	3 比 2
2015 年 6 月 13 日	亚美尼亚（欧洲杯预选赛）	3 比 2
2016 年 10 月 7 日	安道尔（世界杯预选赛）	6 比 0
2017 年 8 月 31 日	法罗群岛（世界杯预选赛）	5 比 1
2018 年 6 月 15 日	西班牙（世界杯赛）	3 比 3
2019 年 6 月 5 日	瑞士（欧洲联半决赛）	3 比 1
2019 年 9 月 10 日	立陶宛（欧洲杯预选赛）	5 比 1
2019 年 11 月 14 日	立陶宛（欧洲杯预选赛）	6 比 0
2021 年 10 月 12 日	卢森堡（世界杯预选赛）	5 比 0

世界足坛国家队总进球纪录榜

排名	球员	总进球	总出场	国家
1	C罗	117 球	189 场	葡萄牙
2	阿里·代伊	109 球	148 场	伊朗
3	莫赫塔尔·达哈里	89 球	142 场	马来西亚
4	里奥·梅西	86 球	162 场	阿根廷
5	普斯卡什·费伦茨	84 球	85 场	匈牙利
5	苏尼尔·切特里	84 球	129 场	印度

职业生涯全赛事数据

赛事	出场	进球	助攻
西甲联赛	292	311	95
国王杯	30	22	3
西班牙超级杯	7	4	0
英超联赛	226	102	48
足总杯	27	13	8
英格兰联赛杯	12	4	1
英格兰社区盾	1	0	0
意甲联赛	98	81	17
意大利杯	10	4	0
意大利超级杯	3	2	0
葡超联赛	25	3	5
葡萄牙杯	3	2	0
欧冠联赛	183	141	42
欧洲联盟杯	2	0	1
欧洲超级杯	2	2	0
世俱杯	8	7	3
世界杯	17	7	2
世界杯预选赛	46	36	14
欧洲杯	25	14	9
欧洲预选赛	35	31	4
联合会杯	4	2	1
欧国联	9	7	1
国家队友谊赛	52	20	11

世界足坛总进球榜前十名

姓名	国籍	总进球	总出场
克里斯蒂亚诺·罗纳尔多	葡萄牙	815 球	1122 场
约瑟夫·比肯	奥地利	805 球	530 场
里奥·梅西	阿根廷	769 球	974 场
贝利	巴西	767 球	812 场
罗马里奥	巴西	744 球	963 场
费伦茨·普斯卡斯	匈牙利	741 球	746 场
盖德·穆勒	德国	735 球	793 场
吉米·琼斯	英格兰	647 球	614 场
阿贝·伦斯特	荷兰	645 球	650 场
尤西比奥	葡萄牙	620 球	648 场

●数据只包含俱乐部一线队赛事（不含友谊赛）和国家队一线队赛事

●欧冠联赛包含欧冠资格赛

俱乐部生涯数据榜

赛季	球队	国内联赛	国内杯赛	欧洲赛事	世俱杯
2002/2003	葡萄牙体育	25场 / 3球 / 5助攻	3场 / 2球 / 0助攻	3场 / 0球 / 1助攻	——
2003/2004	曼联	29场 / 4球 / 4助攻	6场 / 2球 / 2助攻	5场 / 0球 / 1助攻	——
2004/2005	曼联	33场 / 5球 / 4助攻	9场 / 4球 / 3助攻	8场 / 0球 / 2助攻	——
2005/2006	曼联	33场 / 9球 / 6助攻	6场 / 2球 / 1助攻	8场 / 1球 / 1助攻	——
2006/2007	曼联	34场 / 17球 / 8助攻	8场 / 3球 / 1助攻	11场 / 3球 / 5助攻	——
2007/2008	曼联	34场 / 31球 / 6助攻	4场 / 3球 / 0助攻	11场 / 8球 / 1助攻	——
2008/2009	曼联	33场 / 18球 / 6助攻	6场 / 3球 / 0助攻	12场 / 4球 / 3助攻	2场 / 1球 / 1助攻
2009/2010	皇马	29场 / 26球 / 7助攻	——	6场 / 7球 / 1助攻	——
2010/2011	皇马	34场 / 40球 / 12助攻	8场 / 7球 / 1助攻	12场 / 6球 / 4助攻	——
2011/2012	皇马	38场 / 46球 / 11助攻	7场 / 4球 / 1助攻	10场 / 10球 / 3助攻	——
2012/2013	皇马	34场 / 34球 / 9助攻	9场 / 9球 / 1助攻	12场 / 12球 / 1助攻	——
2013/2014	皇马	30场 / 31球 / 9助攻	6场 / 3球 / 1助攻	11场 / 17球 / 5助攻	2场 / 0球 / 2助攻
2014/2015	皇马	35场 / 48球 / 16助攻	4场 / 1球 / 0助攻	13场 / 12球 / 4助攻	——
2015/2016	皇马	36场 / 35球 / 10助攻	——	12场 / 16球 / 4助攻	1场 / 1球 / 0助攻
2016/2017	皇马	29场 / 25球 / 6助攻	2场 / 1球 / 1助攻	13场 / 12球 / 6助攻	3场 / 5球 / 0助攻
2017/2018	皇马	27场 / 26球 / 5助攻	1场 / 1球 / 0助攻	14场 / 15球 / 3助攻	——
2018/2019	尤文图斯	31场 / 21球 / 8助攻	3场 / 1球 / 0助攻	9场 / 6球 / 2助攻	——
2019/2020	尤文图斯	33场 / 31球 / 6助攻	5场 / 2球 / 0助攻	8场 / 4球 / 1助攻	——
2020/2021	尤文图斯	33场 / 29球 / 2助攻	5场 / 3球 / 0助攻	6场 / 4球 / 2助攻	——
2021/2022	尤文图斯	1场 / 0球 / 0助攻	——	——	——
2021/2022	曼联	24场 / 12球 / 3助攻	1场 / 0球 / 0助攻	7场 / 6球 / 0助攻	——
职业生涯汇总		635场 / 491球 / 144助攻	93场 / 51球 / 10助攻	191场 / 143球 / 50助攻	8场 / 7球 / 3助攻

●国内杯赛包含葡萄牙杯；英格兰足总杯、联赛杯和社区盾；西班牙国王杯和西班牙超级杯；意大利杯和意大利超级杯。
●欧洲赛事包含欧冠联赛、欧冠资格赛、欧洲联盟杯和欧洲超级杯。

国家队生涯数据榜

年份	球队	世界杯	欧洲杯	联合会杯 & 欧国联	友谊赛
2003年	葡萄牙	——	——	——	2场 / 0球 / 0助攻
2004年	葡萄牙	5场 / 5球 / 5助攻	6场 / 2球 / 2助攻	——	5场 / 0球 / 1助攻
2005年	葡萄牙	7场 / 2球 / 1助攻	——	——	4场 / 0球 / 1助攻
2006年	葡萄牙	6场 / 1球 / 0助攻	4场 / 3球 / 1助攻	——	4场 / 2球 / 1助攻
2007年	葡萄牙	——	9场 / 5球 / 1助攻	——	1场 / 0球 / 0助攻
2008年	葡萄牙	2场 / 0球 / 0助攻	3场 / 1球 / 3助攻	——	3场 / 0球 / 0助攻
2009年	葡萄牙	5场 / 0球 / 1助攻	——	——	2场 / 1球 / 0助攻
2010年	葡萄牙	4场 / 1球 / 1助攻	2场 / 2球 / 1助攻	——	5场 / 0球 / 3助攻
2011年	葡萄牙	——	6场 / 5球 / 1助攻	——	2场 / 2球 / 1助攻
2012年	葡萄牙	4场 / 1球 / 2助攻	5场 / 3球 / 0助攻	——	4场 / 1球 / 1助攻
2013年	葡萄牙	6场 / 7球 / 1助攻	——	——	3场 / 3球 / 0助攻
2014年	葡萄牙	3场 / 1球 / 1助攻	2场 / 2球 / 0助攻	——	4场 / 2球 / 1助攻
2015年	葡萄牙		4场 / 5球 / 0助攻	——	1场 / 0球 / 0助攻
2016年	葡萄牙	3场 / 7球 / 0助攻	7场 / 3球 / 1助攻	——	3场 / 3球 / 0助攻
2017年	葡萄牙	6场 / 8球 / 3助攻	——	4场 / 2球 / 1助攻	1场 / 1球 / 0助攻
2018年	葡萄牙	4场 / 4球 / 0助攻	——	——	3场 / 2球 / 1助攻
2019年	葡萄牙	——	8场 / 11球 / 0助攻	2场 / 3球 / 0助攻	——
2020年	葡萄牙	——	——	4场 / 2球 / 0助攻	2场 / 1球 / 1助攻
2021年	葡萄牙	7场 / 6球 / 0助攻	4场 / 5球 / 1助攻	——	3场 / 2球 / 0助攻
2022年	葡萄牙	2场 / 0球 / 1助攻	——	3场 / 2球 / 1助攻	——
职业生涯汇总		64场 / 43球 / 16助攻	60场 / 45球 / 13助攻	13场 / 9球 / 2助攻	52场 / 20球 / 11助攻

●世界杯赛事包含预选赛和附加赛；欧洲杯赛事包含预选赛。

C罗荣誉榜

个人奖项统计

● 金球奖：5 届（2008 年、2013 年、2014 年、2016 年和 2017 年）

● 世界足球先生奖：5 届（2008 年、2013 年、2014 年、2016 年、2017 年）

● 国际足联普斯卡什奖：1 届（2009 年）

● 欧洲最佳球员奖：3 届（2013/2014 赛季、2015/2016 赛季、2016/2017 赛季）

● 欧足联俱乐部最佳前锋奖：3 次（2007/2008 赛季、2016/2017 赛季、2017/2018 赛季）

● 欧洲金靴奖：4 届（2007/2008 赛季、2010/2011 赛季、2013/2014 赛季、2014/2015 赛季）

● 葡萄牙年度最佳球员奖：5 届（2015 年—2019 年）

● 葡萄牙最佳海外运动员：10 届

● 英超年度最佳球员奖：1 届（2007/2008 赛季）

● 英超年度最佳年轻球员奖：1 届（2006/2007 赛季）

● 英格兰足球先生奖：2 届（2006/2007 赛季、2007/2008 赛季）

● 英超金靴奖：1 届（2007/2008 赛季）

● 英超联赛年度最佳阵容入选：4 次（2005/2006 赛季—2008/2009 赛季）

● 西甲最佳球员奖：1 届（2013/2014 赛季）

● 西甲最佳前锋奖：1 届（2013/2014 赛季）

● 西甲金靴奖：3 届（2010/2011 赛季、2013/2014 赛季、2014/2015 赛季）

● 西甲联赛年度最佳阵容：3 届（2013/2014 赛季—2015/2016 赛季）

● 意甲年度足球先生：2 届（2019 年、2020 年）

● 意甲金靴奖：1 届（2020/2021 赛季）

● 意甲最佳前锋：1 届（2020/2021 赛季）

● 意甲最佳球员：1 届（2018/2019 赛季）

● 意甲联赛年度最佳阵容：2 届（2018/2019 赛季、2019/2020 赛季）

● 欧冠联赛最佳射手：7 届（2007/2008 赛季、2012/2013 赛季至 2017/2018 赛季）

● 欧冠最佳阵容：6 届（2013/2014 赛季—2018/2019 赛季）

● 欧洲杯最佳射手：1 届（2021 年）

● 世俱杯最佳射手：1 届（2016 年）

● 世俱杯金球奖：1 届（2016 年）

● 欧洲杯最佳阵容：3 届（2004 年、2012 年、2016 年）

俱乐部冠军奖项统计

葡萄牙体育

● 葡萄牙超级杯：1 届（2002 年）

曼联

● 英超联赛：3 届（2006/2007 赛季、2007/2008 赛季、2008/2009 赛季）

● 足总杯：1 届（2003/2004 赛季）

● 联赛杯：2 届（2005/2006 赛季、2008/2009 赛季）

● 社区盾杯：1 届（2007 年）

● 欧冠联赛：1 届（2007/2008 赛季）

● 世俱杯：1 届（2008 年）

皇马

● 西甲联赛：2 届（2011/2012 赛季、2016/2017 赛季）

● 国王杯：2 届（2010/2011 赛季、2013/2014 赛季）

● 西班牙超级杯：2 届（2012 年、2017 年）

● 欧冠联赛：4 届（2013/2014 赛季、2015/2016 赛季、2016/2017 赛季、2017/2018 赛季）

● 欧洲超级杯：2 届（2014 年、2017 年）

● 世俱杯：3 届（2014 年、2016 年、2017 年）

尤文图斯

● 意甲联赛：2 届（2018/2019 赛季、2019/2020 赛季）

● 意大利杯：1 届（2020/2021 赛季）

● 意大利超级杯：2 届（2018 年、2020 年）

国家队奖项统计

● 土伦杯冠军：1 届（2003 年）

● 欧洲杯亚军：1 届（2004 年）

● 欧洲杯冠军：1 届（2016 年）

● 联合会杯季军：1 届（2017 年）

● 欧国联冠军：1 届（2018/2019 赛季）

● 本书所有统计均截止到 2022 年 6 月底，所有时间均为北京时间。